連歌の息吹

——つながり、ひろがる現代の連歌——

黒岩　淳

溪水社

はじめに

連歌とは、数人が集まり、五七五の長句と七七との短句を交互に付けていく日本の伝統的な文芸である。その連歌は、中世に盛んに行われ近世には俳諧にその座を譲ったと言われるが、江戸時代も、幕府連歌師の里村家を中心に、その伝統は続いていた。明治になり、西洋文化が範とされ、正岡子規の「発句は文学なり、連俳は文学に非ず」（「芭蕉雑談」明治二十六年）の言葉にうかがえるような価値観が広まり、連歌の道は狭まっていった。しかしそんな中、享禄三（一五三〇）年以降、連綿と連歌の伝統を続けてきたのが、福岡県行橋市須佐神社の奉納連歌であった。

昭和五十六年、須佐神社で「連歌はよみがえりえないか」のテーマで「奉納連歌シンポジウム」が開催され、全国各地から連歌に関心のある専門家たちが集ったことは、現代連歌の復興を考える上で大変意義があったと言われている。その時、奉祝歌仙連歌の実作も行われた。その後、昭和六十二（一九八七）年に大阪平野の杭全《くまた》神社で連歌会が再興され、京都、三重、郡上、山口、太宰府、古河、松山、武蔵、八代と連歌の輪は広がっていった。国民文化祭においても、平成十六年の福岡、平成二十三年の京都で正式種目となり、連歌大会が開催された。今、連歌が再評価され、その魅力が多くの人に再認識されつつあると言って良いであろう。

本書は、私が参加した現代の連歌会の報告を中心にまとめたものである。副題を「つながり、ひろがる現代の連歌」とした。連歌を通じて、同時代の多くの人とつながることができ、また、中世、近世の先人につながるように感じたことを伝えたいという思いを込めた。

序章では、連歌の魅力についてまとめた。

第一章では、現在行われている連歌会について紹介した。

第二章では、連歌に関する雑文をまとめた。

第三章では、連歌に関する図書を紹介した。

第四章では、連歌を実作する方法をまとめた。

その他、付録として、連歌用語集、福岡現代連歌年表、参考文献、初出一覧を載せた。

私は、連歌会で、中学生高校生の座の宗匠を何度か務めたことがある。また、高校の授業にとりいれることはできないかと思い、実践を試みたこともある。それらの報告をまとめ、平成二十四年に『連歌と国語教育——座の文学の魅力とその可能性——』(溪水社)として上梓した。合わせてご覧いただけるとありがたい。

連歌に携わって二十五年になるが、まだまだ理解し得ていないところがある。それ故に、さらに勉強したいという思いがある。古典の連歌に学びつつ、現代の連歌はいかにあるべきかを考えていきたいと思っている。

ご助言ご叱正をいただき、さらに考察を深めていきたい。

目次

連歌の息吹

——つながり、ひろがる現代の連歌——

序　章　連歌の魅力

連歌会に参加すると時間の経つのも忘れて興じてしまう。その連歌の魅力はどこにあるのか、整理してみたい。

一　「座の文学」である連歌の特性に関して

（1）共同で詩を作ることの楽しさ

連歌は短い詩を創作するという点では、短歌や現代俳句と共通する。しかし、その大きな相違点は、共同で詩を創作することだと言って良いだろう。短歌や俳句は自分の感じたことや思ったことを表現する。しかし、連歌は、他人の句に自分の句を付けることによって、共同で新しい世界を次々と描き出すことになる。世吉《よよし》（四十四句）にしろ、百韻《ひゃくいん》にしろ最後の句である挙句《あげく》が詠まれ、その一巻が満尾したとき、心地よい達成感や充実感とともに連衆《れんじゅ》との連帯感を感じることができるのは、座の文学と言われる「連歌」であればこそであろう。歴史的に見ても、連歌は様々な境遇の人が集まり興じた文芸であった。武士も貴族も連歌の座では、連衆の一員として同席した。(1)

今日の連歌においても、様々な人が集まって連歌を巻いていくことが楽しさにつながる。初めて座に連なった人が、どのような句を付けるか楽しみなのである。句には、その人の個性が表れる。句をどう解釈し、どう展開していくのか、実に様々であり、その人らしさが表れるのである。連歌一巻を巻き上げたとき、その日初めて会ったにもかかわらず、旧知の人のように感じられてくることも、連歌ならではの良さであろう。

また連歌では、作者名については、苗字ではなく下の名前を記していく。些細なことかもしれないが、そのことも親密感を高めることにつながっているのではないかと思う。

(2) 展開の面白さ

連歌の大切な約束事に、「輪廻《りんね》を嫌う」つまり「前に戻ってはいけない」ということがある。連歌は前句に合わせて新たに句を付け、新しい世界を表現していくのであるが、前句のそのさらに一つ前の句(打越《うちこし》)に戻ることが、最も良くないこととされている。しかし慣れないうちは、ついつい同じような連想をして句を創ってしまう。

連歌に参加したことのない人の中には、「連歌はルールである式目が煩わしく難しそうだ」と思っている人が多いだろう。しかし、同じようなことばかり詠んで、連歌が停滞しないために式目があるのだということが、連歌の座に連なっているうちに実感できる。式目があるがゆえに面白くなるということがわかってくるのである。春夏秋冬という一年の様々な季節を詠むだけでなく、山、海、里等、様々な場所を詠み、高揚感や喜び、悲しみなど様々な心情を詠むがゆえに、その連歌作品は、人生を象徴することが可能となる。

そして、思いがけない言葉が付けられたり、意外な展開に接したりすると、そこに感動が生まれるのである。(2)

連歌一巻の流れを大まかに捉えると、初めは穏やかに始まる。最初の十句、いわゆる表十句は、景物を中心に詠み、恋や述懐等、人間の心情を露わに詠まないことになっている。名残の裏も同じことが当てはまる。つまり、穏やかに始まり、中程で様々な人間の営みが詠まれ、最後はまた穏やかに終わる。挙句が詠まれ、一巻を巻き終わると、共同で巻き上げたという喜びと達成感が感じられる(3)。

(3) 虚構の面白さ

近代俳句や近代短歌は、作者の体験や実感を重視していると言って良いだろう。しかし、連歌では、前句に合わせて新しい世界を創り出していかねばならないので、実体験していなくても、想像力を働かせて句を創っていくことが往々にしてある。

恋をしていなくても恋の句を詠むことは可能であり、失恋していなくても、悲しい恋の歌を詠んでもいいのである。男性が女性の立場で句を詠むこともできるのであり、悲劇のヒロインになることも可能である。

このように、連歌には、様々な境遇の主人公になったつもりで句を詠む楽しさがある。そして、様々な状況を想像し、虚構の世界に遊ぶ楽しさがある。

(4) 競争によるゲーム性と緊張感

二人や三人で連歌を巻く場合は、順番に詠んでいけばいいが、一般的な連歌は、一巡した後、「出勝ち」となり、早く出された句が採択されることになる。既に出された句を見渡しながら、式目に抵触しないように句を考える。思いついたらすぐに声に出さないと、他の人に先に付けられてしまうのである。ほんのちょっと躊躇して遅れたために、出し損なってしまうことはよくある。良い句を早く創ろうと競争するところに、ゲーム性があり、緊張感が生じる。時間が経つのも忘れて興じてしまう要素がある。

（5）音声で言葉をつないでいく楽しさ

小短冊に句を書いて提出し、連歌を巻いていく方法もあるが、元来連歌は音声で句を付けていったと考えられる。声に出して披露されることで、言葉の響きの美しさや面白さを感じることができるということに、まず大きな意義があるだろう。[4]

また、声で句を出すことによる座の盛り上がりという要素も指摘しておきたい。私の所属している今井祇園連歌の会の作法では、句ができた者は、五七五の長句の場合は最初の五を、七七の短句の場合は最初の七をまず声に出す。すると、執筆《しゅひつ》がそれを繰り返す。その後、もう一度最初の言葉と、それに続く残りの言葉を合わせて句を読み上げる。連衆は、最初の五または七の言葉を聞いて、次にどのような言葉が来るのか、耳を澄ます。座に快い緊張した雰囲気が醸し出される点でも声で句を出すことが望ましいと思われる。[5]

小短冊であれば、宗匠・執筆以外は不採択になった句がどのようなものかわからないが、声で句を出した場合は、一座のものが皆同時にその句を鑑賞できる。採択にならずとも、連衆がどんな句を考えていたかがわかるので、面白いし勉強にもなる。

ただ、作者にしてみれば、自分が創った句を声に出すのは、多少なりとも気恥ずかしさが伴う。その点、小短冊で句を出す方が気楽である。音声と小短冊とそれぞれの良さがあるが、前述したとおり音声で連歌を巻くことの意義を指摘しておきたい。

二　連歌の用語に関して

(6) 季語の味わい

季語は俳句のためにあると思っている人も多いだろう。しかし、俳句も元をたどれば、俳諧連歌の発句《ほっく》である。連歌の発句に季語が必要であったからこそ、俳句にもそれが受け継がれているのである。

連歌においては、発句に限らず、脇句にも季語が必要であり、さらに平句《ひらく》においても重要な意味を持っていることは、式目に規定されていることからもうかがえる。春・秋の句は、三句から五句続けなければならないという式目があり、春の句とは春の季語を含む句にほかならない。

また、花・月の定座《じょうざ》があるが、「花」といえば桜を指す春の季語であり、「月」は秋の季語であることも知っておかねばならない。

「霧」といえば秋の季語、「霞」といえば春の季語。理屈というよりも、日本人が長年培ってきた美意識によるものだと言って良いだろう。そして、それは「本意」というものにつながっていく。「春雨」といえば、「しとしとと降る雨」なのである。春に激しい雨が降ることもあるが、連歌の世界においては「春雨」という季語からイメージされる内容が重視されてきたのである。(6)

その「本意」を十分に踏まえることで、深い味わいを感じることもできるのであろう。

(7) 和語の味わい

連歌は、和語を基本とする。漢語や外来語は、俳言《はいごん》と呼ばれ、それが基本となると俳諧連歌（連句）になってしまう。和語とは大和言葉であり、日本古来の言葉である。そして特に雅《みやび》な場合は、雅語《がご》と呼ばれる。(7)連歌は、ただ文芸として楽しまれただけではなく、お宮に奉納されてきたという歴史がある。戦勝祈願等、様々な祈禱連歌が行われてきたのである。神に捧げるため、美しい言葉で詠もうという意識が働いたものと思われる。

神に捧げるということでなくても、美しい言葉で詩を紡ぎだしていこうとする試みは、大きな意義を持つように思う。漢語や外来語を使わないということは、表現に制限が加えられることになる。しかし、安易に卑俗な言葉を使わずとも、和語で表現できないかと試みることは、逆に表現の可能性を広げることになりはしないだろうか。埋もれていた古語を意識して使うことにより、語彙が増え、表現が豊かになっていくのである。そして、古語の面白さに気づくことにもなるだろう。

三　その他

(8) 定型にあわせて詩を作り出していく面白さ

短歌や俳句と同じく、連歌においても定型で言葉を表現していくことになる。短歌や俳句は、最初から自分で創り出していかねばならないが、連歌の場合、前句があるので、かえって創作しやすい面があるだろう。

定型におさめるためには、表現を変えたり、同類語におきかえたりする必要が出てくる。それは、言葉のリズムにも関係することでもある。また、すべてを言い尽くそうとするのではなく、聞き手に様々なことを想像させる余地を残すような表現が、余韻が感じられ、趣深い句となるだろう。短い定型に合うように工夫して言葉を紡ぎだしていく面白さもある。

（9）日本古典文学への理解の深まり

連歌とは、どのような文芸であるかを理解することができれば、中世の人々があれほど熱中したのはなぜかということが、共感を持って理解することができるであろう。残された連歌作品も面白く味わうことができる。また、日本の古典を考えてみると、多くの作品に連歌を詠む一場面が取り上げられている。連歌という文芸を理解すれば、そのような場面の理解が深まることになる。そして、世界的にも稀な文芸の特性と面白さに気づくことで、改めて日本人というものを見つめなおす契機にもなるであろう。

注

（1）宗祇の「淀渡《よどのわたり》」にある次の言葉は、様々な境遇の人が集まり、打ち解けていくという連歌の特質をよく示している。

「大方連歌師の友は従兄《いとこ》ほどしたしきぞと申侍り、げにも始て見る人なれども、連歌の座にてより合ぬれば互に親《したし》みたる心地して侍るにや、老たるは若に交りたるもくるしからず、高きは賤しきをも嫌はぬはたゞ此道ならし」『連歌論集（下）』（岩波文庫・伊地知鉄男編・一九五六年）

（2）松岡心平氏は、連歌について次のように述べている。

「同じ世界をみんなが同時に考えて、そこに別の世界をつけていく。その際、他人が考えた場合に、自分では思ってもみないような転じ方が出てきたりする。自分では思ってもみなかった新たな世界が他人によって開かれるという経験ができる。それは、よろこびであり興奮です。そんな興奮が何回も何回も連なっていくのが、連歌の世界なのです」『中世芸能講義』（講談社学術文庫・二〇一五年）一二七頁

高辻安親氏は、連歌とは「本当な意味の自由な発想力を養うドリル」であり、「真に自由な発想は連歌の付けを重ねることで初めて身につくか」と述べている。「連歌の魅力―須佐神社宮司　高辻安親氏に聞く―」『高辻安親宗

匠追悼録　須佐の杜』（今井祇園連歌の会編・二〇〇六年）一二〇頁

また、高城修三氏は、連歌について「異質なものを出会わせ、思いがけない発想やイメージを生み出す装置」ととらえている。『可能性としての連歌』（澪標・二〇〇四年）二一〇頁

（3）今井祇園連歌の会において、挙句は、「めでたくて春季を帯びて体言止め」とすることになっている。体言止めにすることで、いっそう余韻が感じられる。

（4）網本尚子氏は、狂言と連歌の関連の深さを示すものの一つとして、連歌の演劇的要素を指摘している。そして、「連歌の生命は、声に出して詠まれ、それを耳で聞いて鑑賞するところにあることも、舞台芸術との共通点の一つに数えられよう」と述べている。（「狂言と連歌の紐帯」『国文学』一九九八年十二月号）

（5）「宗祇初心抄」には、「末座などの座敷にある人の連歌いだす事、執筆の聞候はぬほどに出し候事わろき事にて候、余りに高声に出し候も聞にくき物にて候」とある。『連歌論集（下）』（岩波文庫・伊地知鉄男編・一九五六年）昔から声の出し方にも注意が必要であった。

（6）里村紹巴は「至寶抄」の中で本意について詳しく述べている。「又連歌に本意と申事候、たとひ春も大風吹、大雨降共、雨も風も物静《しづか》なるやうに仕候事本意にて御座候（以下略）」『連歌論集（下）』（岩波文庫

（7）小西甚一氏は、連歌について次のように説明している。
「連歌は、完全に古典的な感覚から成り立った藝術であり、おそろしく細かい神経を必要とする。さきに述べたところをもういちど引っぱりだすならば、磨きぬいた「雅」の世界なのである。連歌人の感覚にとっては、ほんのちょっとした刺激でも、ひどく響いて困るのである。かれらの感覚が「美しい」と受けとるのは、用語でも、表現でも、あまり際だった印象のない、やすらかな、もの静かさであった。それが、かれらの「美しさ」なのであった。そこまで研ぎすまされた神経に対しては、漢語は、刺激が強すぎたのである。連歌のなかに漢語がまじると、やすらかなもの静かさが乱され、しっとりした調和が何かガチャガチャした粗っぽさになってくる。それで、漢語は「お行儀がよくないぞよ」と連歌の園から追放されてしまったわけ。」『俳句の世界』（講談社学術文庫・一九九五年）

第一章　現代の連歌

第一節　須佐神社（福岡県行橋市）の百韻連歌

はじめに

福岡県行橋市にある須佐神社は、地元では「今井の祇園さま」として親しみを込めて呼ばれている。この神社は、明治以後、連歌が日本の社会で急速に衰えるとともに、奉納連歌も廃絶の一途をたどった中で、全国で唯一、四百八十年前から現在に至るまで法楽連歌を連綿と続けてきた神社である。この神社で、平成七年に開催された百韻連歌の様子と奉納連歌の歴史等について報告したい。

一　百韻連歌

平成七年十一月二十六日、須佐神社参集殿において百韻連歌が行われた。「百韻」形式での連歌は、平成六年に引き続いての興行である。この神社の祇園祭で継承されている連歌は、戦後、半百韻や世吉《よよし》形式になっているので、「大正以来の百韻連歌」と地元の新聞に大きく報じられた。

宗匠は須佐神社宮司の高辻安親氏。執筆は北九州市立歴史博物館主査の有川宜博氏。大阪から帝塚山学院短大副学長鶴崎裕雄氏・杭全《くまた》神社宮司の藤江正謹氏・郷土史家の村田隆志氏の三人の客人を迎え、地元の「連歌の会」の会員と合わせて連衆十六人で行われた。

開始は午前十時。客発句亭主脇ということもあり、鶴崎氏が発句を詠まれる。「霜にたへ斎庭《には》に幾代のつらね歌」。脇句は高辻氏で、「さらに散りそふもみぢ葉の色」と付けられた。まず一巡するということで、座席の左回りに一人一句ずつ付けていくことになる。第三句は、「火を噴きし山やうやうに鎮まりて」という句。雲仙普賢岳の噴火もようやく収まりつつあることを思い起こさせる句である。そして第四句が、「雲は動かず輝きてあり」と詠まれた。自分の番がどんどん近づいて来る。快い緊張と焦りとを感じ始める。

「小夜ふけて月明々ときはまれり」。長年今井連歌に携わってこられている正冨さんが付けられた。さあ、次は私の番である。「月」が詠まれたので、「秋」の句を三句以上五句以内で続けなければならない。「月」が「明々と」輝いているので、何かはっきりと照らされている状況を詠もうか、それとも何か静かな景物を詠もうか、などと考える。音に関する言葉がまだ出て来ていないので、「きぬたの音」がいいかなと思いつく。夜遅くまで「きぬた」を打つのならば「しづがや」の様子を詠めばよいのではないかと思い、「きぬたの音のひびくしづがや」と考え付いた。句を採択してもらうためには、その句を声に出し、宗匠の判断を仰がねばならない。「では」と思いついたことを知らせ、「きぬたの音の」と言うと、執筆の有川氏が「きぬたの音の」と繰り返してくださる。そして「ひびくしづがや」と言うと、その時点で、句の採択が検討される。宗匠は、暫し考えられているふうであったが、「しづがやでなくてもいいでしょ」と言われた。一句の中にあまり句材を入れすぎない方が良いのであろうと思い、もう一度考え直すことにする。少し変えて、「砧の音のひびき来るがに」と改めて句を出すと、「はい採択」ということになった。ほっとする瞬間である。後は自分の句に次の人がどのように付けてくれるのかを楽しみにしておけばよい。「秋の風ものの香《か》遠く運ぶらん」。隣に座っていらっしゃる行橋商工会議所婦人部会長のテル子さんが、素敵な句を付けてくださった。

このようにして一巡した後は、出勝《でがち》となる。思いついた人が、どんどん句を出し、宗匠の判断を仰ぎ、採択となれば、次々と進んでいくのである。数句紹介してみたい。三折表一「年をへて心にすめる人のあり」という句に、連衆中唯一、二十代の由希子さんが「置きざりにせしものをさがして」と付けた。昔の恋人との記念の品を探している様子を想像させる趣深い句である。そしてその句に俳人としても活躍されている邦榮さんが「山の芋掘りたる崖を後戻り」と付けられた。思わぬ展開に座は盛り上がる。俳諧のようであるが、このような大きな展開に座の文学の面白さがあると言えよう。

三折表六「街新しく河口に成り」という宗匠の句に村田さんが付けられた「親子孫行く橋うれし渡りぞめ」という句は、須佐神社がある行橋市の地名を掛けたと考えられる。歌われたことをイメージ化したり、歌われた心情に共感したすることによる面白さの他に、言葉遊びの面白さもまた連歌にはあると言って良いだろう。三折表九の「思はざる地震《なゐ》につひえし跡ひろく」という宗匠の句と節美さんの付句「憂《うれ》ひは多し国の内外」は、平成七年の阪神大震災に始まる一年の様々なことを思い出させる。百句の間には、まさしく春夏秋冬、恋無常、老若男女、喜怒哀楽といった人生の様々なことが綴られていく。座して万象に翔るのが連歌である。

さて、昼には四十分ほど休みを取ったものの、順調に進んでいき、名残折裏七が大阪の村田氏によって「岸にそひ水棹とどめて花の下」と詠まれた。そして挙句は藤江宮司が「をさまる御代の京《みやこ》のどけし」と詠み、最後を締め括られた。めでたさを感じさせる挙句で皆余韻に浸りつつ、午後五時、満尾したのである。

その後、一座参集殿から拝殿に移り、鶴﨑博士によって神前朗誦が行われた。夕闇につつまれた拝殿の上で、朗々と詠じられる博士のお声を聞きつつ、厳かな気持ちを抱いていたことを思い出す。
そして、披講の後は、社務所会議室で竟宴となった次第である。

二　祇園祭の奉納連歌

須佐神社では、連歌が継承されているが、その歴史について高辻氏に伺ったので、記しておく。（詳しい内容は福岡県高等学校北九州地区国語部会誌『国漢春秋』第十八号に収録。高辻安親宮司追悼録『須佐の杜』に再録）

須佐神社の場合、正式に祇園祭に組み込まれていくのは、享禄三（一五三〇）年で、その後、ずっと中断することなく行われてきた。福島家と村上家が発句を詠むことになっていたのだか、村上家は後に浄喜寺という浄土真宗の代表的なお寺になり、分家は、善徳寺というお寺になる。そしてこの福島家・浄喜寺・善徳寺それぞれが百韻を詠む三百韻という形式で長く奉納が行われてきた。福島家の連歌は連歌座で行われるのであるが、あとの二つの連歌は後半、宗匠が山車の上に上り、道行く人に付句を募る笠着連歌であった。

しかし、戦中は山車を出すことができず、善徳寺と浄喜寺の奉納連歌は中止されていた。今日では浄喜寺の笠着連歌が復活している。したがって、現在祇園祭で行われている連歌は、七月十五日（旧暦の五月二十五日）に、行橋市今井の福島家で発句定並一巡が行われ、七月二十一日に神社の拝殿で完成する「社頭連歌」と、七月三十日に今井の浄喜寺で発句定並一巡し、八月二日の夜、山車の上下で詠み継がれる笠着（車上）連歌の二つである。

福島家で行われる連歌は、まず福島家の当主が発句を詠み、その次が善徳寺当主、そして第三が浄喜寺当主となっており、宮司が出て来るのは、終わりから三番目ということになる。つまり、ここの奉納連歌は、氏子が奉納の主体なのである。奉納連歌が他の神社で滅び、何故この今井の連歌だけが残ったのか、その大きな理由に、この奉納が氏子主体であることが挙げられると高辻氏は指摘されている。

また、行橋市の延永《のぶなが》には、江戸幕府の連歌宗匠をつとめた里村玄川《げんせん》の墓がある。玄川は晩年の八年間、京都《みやこ》（行橋市近辺）地方に住みついて、連歌指導を精力的に続けた。里村家をついだ里村玄碩《げんせき》もこの地方に強い影響を与えた。そのことは、玄碩の実家である大分県宇佐市四日市・渡邉家の連歌資料の中の門人帳に京築の連歌好士の名が夥しいことからうかがえる。さらに、玄碩を一時期継いだ里村玄昱《げんいく》の塚も京都郡みやこ町勝山の妙覚寺の境内にある。幕末、この地方は、里村玄川、玄碩、玄昱といった第一級の指導者を得て、連歌層も厚く、その水準も格段に高まっていたらしい。そして、このことも今井の法楽連歌が生き続けた理由のひとつだと高辻氏は考えておられる。（高辻安親「連歌はよみがえりえないか」『京築文化考』2（海鳥社・一九八七年）なお同題で『よみがえる連歌――昭和の連歌シンポジウム』（海鳥社・二〇〇三年）にも論考あり。）

三　奉納連歌シンポジウム

さて、須佐神社と連歌について語る時、大きな意味を持つと思われるのが、昭和五十六年に開催された「奉納連歌シンポジウム」である。この年、お宮が昭和の大造営をしたのであるが、その奉祝行事の一環として十一月二十二日にシンポジウムが行われた。当時大阪大学の島津忠夫教授を中心に、広島大学の金子金治郎名誉教授、国学院大学の臼田甚五郎教授、国文学研究資料館の棚町知弥教授、京都女子大学の浜千代清教授の五人をパネラーとして行われたのである。東京・茨城をはじめ全国から連歌に関心の深い専門家が集まり、地元の人たちを合わせて百二十人という参加者で、大変盛り上がったそうだ。そして、用語の問題が討議されて行く中で、須佐神社の奉納連歌に見られる傾向、つまり面十句と挙句近くを和語にし、中間は俳言を使用しても良いという傾向が原則として認められるような結果となったそうである。

詳しい内容は神社誌『ぎおんさん』に収録されているので、それに譲るが、翌日の二十三日には、歌仙形式で「昭和のご造営」連歌が詠み継がれた。発句は金子先生の「道をおこす宮居新し冬の森」であった。

四　連歌の会

高辻氏の話によると、この須佐神社では昭和四十九年から「連歌の会」を催しているそうである。祇園祭の奉納連歌の場合は、福島家などお宮と歴史的に関係の深い家筋の人と、大庄屋格で市長、庄屋格で区長、そして神社の総代というように、メンバーが固定しているのに対して、この「連歌の会」というのは、誰が来ても良いということになっている。月一回日曜日に開かれており、その日は、世吉形式で連歌の実作をすることになっている。式目は、〈参考2〉に掲げた「今井百韻次第」に拠っている。午後二時に始めて、終わるのは六時頃である。（平成十七年に正式名称を「今井祇園連歌の会」とし、会の規約を定めた。最近は、午後一時に開始している）

終わりに

現在、連句が盛んになってきているようである。しかし、「連句」ではなく、「連歌」にこだわりたいという気持ちがいつのまにか私には生じてきた。「連句」と「連歌」の違いの大きなこととして、俳言の有無ということがある。安易に外来語などの現代の言葉に頼るのではなく、伝統的な美意識に支えられてきた和語を大切にしていきながら、現代に生きる我々の詩を紡いでいくことも十分できると思う。そして、そのことが現代に生きる我々に多くのことを教えてくれるのではないか、そんな気もしている。

良い句を詠むためには、連歌について様々なことを学ぶ必要もあるだろうし、詩心を養ったり、語彙を増やしたりする必要もあるだろう。そして、そのことは連歌の楽しさを増すに違いないと思うと、今すぐにでも取りかかりたくなってくるのである。

【付記】

祇園祭の福島家の連歌は、のちに場所が今井の熊野神社に移る。したがって現在は熊野神社で発句定並一巡が行われている。発句は、今井西祇園会会長が詠んでいる。

〈参考1〉

平成七年十一月二十六日　須佐神社百韻連歌

大祖大神社
須佐神社参集殿

宗匠　高辻安親
執筆　有川宜博

賦何人連歌

（初折表）

一　霜にたへ斎庭《には》に幾代のつらね歌　裕雄
二　さらに散りそふもみぢ葉の色　安親
三　火を噴きし山やうやうに鎮まりて　邦榮
四　雲は動かず輝きてあり　哲郎
五　小夜ふけて月明々ときはまれり　正冨
六　砧の音のひびき来るがに　淳
七　秋の風ものの香遠く運ぶらん　テル子
八　広き刈田はげにもをだやか　満洲雄

（初折裏）

一　よどみなき川の流れはなほ清く　由希子
二　蛍を待たんとく暮れよかし　義夫
三　山の辺の道に拾ふた落し文　節美
四　森の木むれに雲のかゝれる　初子
五　足摺の空寒々とはれわたり　忠生
六　こぎゆく舟に薄ら氷《うすひ》の面　隆志
七　笥にあるは母が手ぎはの旅の糧《かて》　正謹
八　何とはなしにあたゝまる胸　宗匠　安親
九　新しくなれる真屋にも雲雀なき　執筆　宜博
十　軒に燕のとびかふはいつ　裕
十一　濃く染めし花の衣をひるがへし　安
十二　野の花つみていけんこの朝　満
十三　思はることもいはずに由布の里　哲
十四　霧立人と月につぶやき　安

（二折表）

一　まろやかな古酒をかたむけ夜をひとり　初
二　なばとあみとをおてしほに盛り　安
三　魚をとる船次々に帰り来て　哲
四　幟にみゆる大漁の文字　裕
五　高社願ひあまたにまうでたり　宜
六　子らはすなほに朗らなる笑み　謹
七　たどり来し雪の山路に蕗の花　忠
八　ものみなすべて静かなりける　満
九　かそかなる火影にゆらぐ陰にして　初
十　おどろの思ひわきとどまらず　安
十一　古へを語る翁は涙ぐみ　裕
十二　恋にくるへる鹿の声きく　邦
十三　天地を隈なくしらす望の月　哲
十四　紅葉の錦床にかざらん　裕

（二折裏）

一　新しき酒を木の香とひと息に　哲
二　今年の米を升に盛る宿　節
三　伝はれる絵図をたよりに右左　裕
四　着ぶくれ地蔵笠つけ地蔵　哲
五　ほほゑまし善男善女の心ぐみ　謹
六　諸口のべる古里遠き　隆
七　ゆるやかな丘のなだりに虹のたち　初
八　棚田に水をはりをはりたり　冨
九　岩かげにさやぐ木の葉の心地よく　哲
十　おぼろの月に酔をさまさん　節
十一　かろやかに蝶舞ひいづる夢の中　冨
十二　雛の遊の宴も果てゝ　初
十三　去りがたき花の盛りの夕まぐれ　裕
十四　夜目にも白きかんばせ匂ふ　テ

（三折表）

一　年をへて心にすめる人のあり　邦

二　置きざりにせしものをさがして　由

三　山の芋掘りたる崖を後戻り　邦

四　日和つづきの秋の杣道　謹

五　たち止りまた動きくる昼の月　哲

六　街新しく河口に成り　安

七　親子孫行く橋うれし渡りぞめ　隆

八　背筋ま直に雲の峰たつ　哲

九　思はざる地震《なゐ》につひえし跡ひろく　安

十　憂《うれ》ひは多し国の内外　節

十一　大梁にひと本の槍かけられて　哲

十二　盃をほす男子ありけり　節

十三　修行者の尋ね〳〵て大江山　裕

十四　雪降りやまぬ直ぐし篁　邦

（三折裏）

一　置きごたつ座敷に運び安堵する　初

二　香りゆかしき茶をすゝりつゝ　節

三　もののふの言葉よろしく立ち去りぬ　由

四　蝦蟇の油を商として　裕

五　二の腕にきざめる疵の幾筋ぞ　邦

六　藪こぎはるか麓にいたる　謹

七　四万十の流をたどる一人旅　忠

八　颪さはやかに吹過るなり　安

九　荻薄わが狭庭にもときは来ぬ　裕

十　やがて出づべき月の供ぞ　安

十一　つらなりて雁かへりゆく北の空　忠

十二　ながむるほどにうらゝなりけり　由

十三　たぐひなき花を主の古館　謹

十四　まもりつぎたしたふとき命　テ

（名残折表）

一　とり出せば埋火の榾はじけける　哲

二　別れの痛みおもふ霜の夜　安

三　しまひ湯に柚子の香のほのかなり　初

四　いりこみたのし山間の宿　隆

五　川とんぼ翅を木の字にひろげとぶ　忠

六　飛行機雲を追ひかくるごと　節

七　騒音の廃止を求む声高く　裕

八　鼓うたるゝいとはげしくも　哲

九　軒先の柿の簾や峠道　忠

十　寺のかたへに白萩たわゝ　冨

十一　こぼれたる月の滴をうけとめて　節

十二　輝きてあり石におく露　邦

十三　時過る心いられのとにかくに　安

十四　生れかはりし性ならなくに　義

（名残折裏）

一　岬には泡立てる波おし寄せて　哲

二　海風ふせぐ赤松の群　満

三　防人の願をこめし歌のこる　テ

四　故郷の親寒気にしのぶ　裕

五　名を得たる山高々と目のあたり　謹

六　夕茜して鶯の声　安

七　岸にそひ水棹とどめて花の下　隆

八　をさまる御代の京《みやこ》のどけし　謹

（句上）

鶴﨑裕雄　十二　高辻安親　十三　松養邦榮　七

吉本哲郎　十三　高辻正冨　四　黒岩　淳　一

門田テル子　四　奥田満洲雄　四　井上由希子　四

山口義夫　二　田中節美　八　柳原初子　七

森友忠生　六　村田隆志　五　藤江正謹　八

有川宜博　二

〈参考2〉

今井百韻次第

一、発句は一座の主情を成し、終始最要の意義を存す。而してその風体は古来の技法理念を勘案する。発句を定めた後に賦物を凡そは『賦物篇』によってとるものとする。

二、用語は歌語をもって本則とする。但し、初折裏三より名残折表の間においては俳言を認める。俳言に外来語を含む。なほ、俳言は面を嫌ひ、三句までとする。

三、面十句には神祇・釈教・恋・無常を嫌ふ。

四、同類語・等質語は五句を隔てる。同季、恋は七句去りとする。

五、四花七月三雪とし、他の景物は適宜これを採る。世吉においては二花三月一雪とす。ことにきはだつ物、逆になくもいいやうな物は一句物とする。春季、秋季は三句より五句まで、夏季、冬季は一句より三句まで。

六、挙句は「めでたくて春季を帯びて漢字止め」の句柄とす。

七、付句は明瞭な音声をもってなす。長句はまづ上五を出し、これを執筆が口頭で受けた後に再び全句を出す。短句はまづ上七を、次に再び全句を披露する。

八、季のとりやうは、季の詞と現代季語をともに用ひる。両者が齟齬する場合は、現代季語によるものとする。ただし、あまりにも広範な現代季語はこれをとらない。

第二節　今井祇園連歌の会

一　連歌会に初めて参加して

〔平成五年二月二十一日、私は初めて連歌会に参加した。その時の様子と感想は次のようなものであった。〕

場所は社務所の一室。午後二時過ぎ、七人集まったので始めることになった。まず、発句は、参加者皆で創作し、その中から選ぶ。私も紙に書くように言われたが、突然のことで思い浮かばなかった。結局、新聞社に長年勤められていたという了《さとる》さんの「きさらぎの雨こそよけれ古社」という句にしようということになった。その日は小雨が降っており、まさにその場の雰囲気を表している句であった。

間もなく医師をされている哲郎さんが「風あた丶かくたゆたふ広野」と付けられた。そして地元の正富さんが「いづこより若菜つむ人集ひけん」と詠まれたところに、宮司の高辻安親先生が、戻ってこられた。結婚式があって遅くなったということである。宗匠である高辻先生が戻られたことで場の雰囲気も盛り上がってきた。「はや夕星《ゆふつづ》の高々といで」「たちむかふ月代《つきしろ》や丶にかそけくて」「初潮寄する浜のにぎはひ」と続いていった。

見学ということで同席させてもらったのだが、これが「連歌」というものなのかと私は驚きと興奮の中にいた。「春の句は三句から五句まで続けてよい」とか「ここは『月の定座』である」「これは雑の句だ」などと

「式目」に関することが、先生やベテランの方の口から出るたびに、なるほどこのようにして連歌というものは行われてきたのだなと妙に納得していた。「季語というものはもともと連歌において必要なものであった」という高辻先生の言葉も実感させられた。そして煩わしそうな「式目」があるがゆえにかえって連歌の面白さが増しているのだということもわかったような気がした。

「世吉」ということで四十四句詠む。初折の表八句の次は初折の裏十四句。次に名残折の表に入る。「みまかりし父母迎ふ霞む日に」「玄界灘は静かなるらん」「すなどりも田作りもまたかたき世ぞ」「老ゆる身ばかり何事もなし」と次々に句は付けられていった。

そして、名残折の裏八句。挙句は新人が作ることになっているということで、大変恐縮したのであるが、私が詠むことになった。「あけぼのの花にさす陽の安らけく」に付けて「清くかゞやく春の白雪」と詠んだ。

終わったのは五時半ごろだったと思う。三時間以上かかったのであるが、とてもそんなに時間が経ったとは感じられないほど充実していた。他人の作った句を自分なりに解釈しながら、それに自分の句を加えていく。共同創作の楽しさがあればこそ「中世」という時代にあれほど盛んに連歌が作られたのであろう。「連歌」を勉強してみたい。そんな気持ちが強く起こってきた。そして、ゆくゆくは生徒にもこのような楽しさを味わわせたい。そんな考えも起こってきた。須佐神社では毎月一回連歌の会を催しているらしい。次回もまた参加させていただこうと思った。

※　平成四年一月から平成九年九月までの月例作品は、平成九年十月に『平成の連歌』（編集・発行　須佐神社・連歌の会）としてまとめられ、上梓された。また、平成九年十月から平成二十三年六月までの作品については、平成二十三年十月に『平成の連歌　第二集』（編集・発行　今井祇園連歌の会）として刊行された。

平成五年二月二十一日

大祖大神社社務所会議室
須佐神社

宗匠　高辻安親

賦何風連歌

（初折表）

一　きさらぎの雨こそよけれ古社　了
二　風あたゝかくたゆたふ広野　哲郎
三　いづこより若菜つむ人集ひけん　正富
四　はや夕星《ゆふつづ》の高々といで　邦榮
五　たちむかふ月代《つきしろ》やゝにかそけくて　安親
六　初潮寄する浜のにぎはひ　了
七　渡り鳥群れてたちまち去りゆきぬ　哲
八　いつしか露のしげき菅原　安

（初折裏）

一　新しき家山裾をのぼりゆき　了
二　ひとつふたつと冬灯《ともし》増す　哲
三　出つ入りつ雪降るさまの美しく　邦
四　いつの雄誥《をたけび》海をわたれり　安
五　韓国《からくに》の神の祭を男衆　哲
六　熱き思ひをまなかひにみる　了
七　かくしたひかくなこひせし末にして　安
八　照葉もみぢば火の岳もゆる　哲
九　薄衣かなぐり捨てゝ月青し　了
十　けらとみみずをきき分けてをる　哲
十一　叱られてわれにあらがふ児なれども　邦
十二　捨て松もまた根づく勢ひ　安
十三　散る花を袂にいれて家苞に　了
十四　鳥の囀り里のをちこち　哲

（名残折表）

一　みまかりし父母迎ふ霞む日に　安
二　玄海灘は静かなるらん　哲
三　すなどりも田作りもまたかたき世ぞ　安
四　老ゆる身ばかり何事もなし　了
五　ほり物にかつて流せし汗なれど　邦
六　待つものは何片蔭にたつ　哲
七　みえかくれそれがたのしき遊びにて　安
八　ならひはじめの手づまつたなく　邦
九　冴え返る巌に波のよせかへし　正
十　流氷はるか沖に去り行く　哲
十一　かげろへど裁きの庭はきびしかり　了
十二　露の命はかくもはかなく　哲
十三　二人みる何か思ひの居待月　正
十四　ときをたがへず雁訪ひ来たり　安

（名残折裏）

一　広々と東の方あけそめて　哲
二　雲ふき分けて吹く青嵐　邦
三　竹がゆれ杉もゆれけり山近く　哲
四　なほしづかなる垣内ぞかし　安
五　豊国はうら丶うら丶の中にあり　了
六　今年またきく鶯の声　正
七　あけぼのの花にさす陽の安らけく　邦
八　清くかゞやく春の白雪　淳

（句上）

山崎　了　九　松養邦榮　七　吉本哲郎　十三
高辻安親　十　高辻正冨　四　黒岩　淳　一

二　ある日の連歌会（1）

［次の文章は、平成六年に参加した須佐神社連歌会の様子を報告した文章である。］

須佐神社で行われている「連歌の会」は、月一回開かれているのであるが、学校行事と重なったり、用事ができたりして行かれないことも多い。そんな時とても残念に感じるほど、この「連歌の会」というのは刺激的で面白い会なのである。

会のある日は、早めに昼食を取り、小倉の家を出る。車を約一時間走らせると神社に着く。下の駐車場に車を止め、急な階段を上る途中、後ろを振り返り遠く望めば、京都《みやこ》平野に田圃が広がっているのが見える。この時いつも何かほっとする。

本殿にお参りをし、社務所に入る。そして与謝野晶子の屏風のある部屋に徐《おもむろ》に座る。既に来られている方もいる。高辻安親先生も来られ、定刻の午後二時になるといよいよ開始だ。五七五の発句が詠まれ、他の人が七七で脇句を付ける。そして別の人が第三を七七と付ける。付句は、前の句に内容的につながるように付けるのであるが、式目に注意しなければならない。たとえば、春と秋の句は三句から五句までの間で続けなければならないということなどである。したがって、季語に絶えず注意せざるを得ない。

発句が詠まれた後、一巡することになっており、慣れない私も、なんとしても詠まなければならないという快いプレッシャーを感じることになる。早く詠むことができればいいのだが、なかなか思いつかず、あれこれ字数を数えながら考えていると、時間はどんどん経ってしまい、その間に他の人はどんどん詠んでいき、残るは私一人となってしまう。この時すぐに思い浮かべることができないときは焦ってしまう。焦り始めるといよいよ浮かんでこない。他の人を待たせて悪いなあと思いつつ、汗を掻き掻きやっと詠んだということも何度もあった。

ある日のこと、「風にざわめく木々に歌あり」という句が詠まれた。(1) さあ、この句にどのように付ければ良いか。一つ一つの句の解釈は、一人一人に任されている。作者の意図とは違ったように受け取られることもある。実はそれも連歌の面白さの一つなので全然かまわない。「風で木が音を立てているのを〈歌あり〉とされたのだろう」と考え、それなら「木の音が聞こえる状態を示せば良いだろう」と思い、「草深くつどへる虫は声ひそめ」と考えてみた。採択してもらうためには、声に出して宗匠の判断を仰がなければならない。式目に合わず却下されることもある。「どうですか」と皆を促す宗匠の声に「あのう……」と言うと「どうぞ」と声が返ってくる。そこで「草深く……」とメモしていた句を詠み上げると、「はい、採択」ということになった。ほっとする瞬間である。数句前に同じ句材があったりすると却下されたり、手直しされたりするのだが、それはそれで大変勉強になる。「草深く……」の句には「鮭撲つ人の足音高し」と付けていただいた。自分の句を解釈してもらい、自分の句に合わせて句を付けてもらう。どんな句を付けてもらえるか、実はこれもまた大きな楽しみなのである。

ある時、「さめたる恋はかくもはかなき」という句が出た。(2) 恋句が出たら一座なんとなくうきうきして、一段と和やかな雰囲気が醸し出される。そんな時、ふとひらめいた句「燃え上がる思ひを文にかきしかど」が採択された時は嬉しかった。

なかなか次の句が出ないことがある。そんな時、雑談で盛り上がることがよくある。新聞社に勤められていた方、税務署長さん、歴史学者の方等錚々たる方々も参加されており、興味深い話が伺えたことも何度もあった。農作業や植物など季節に関する話などは大変有り難い。他の方々の句には私の知らない古語が次々と出て来る。何故そんな言葉をご存じなのかと不思議な気持ちになったりもする。

世吉ということで四十四句詠む。挙句は「めでたくて春季を帯びて漢字止め」ということになっている。以前「遠近《をちこち》の諸人《もろびと》めづる花なれや」という句に「みやこ大路ののどかなる朝」という句を付けさせていただいた[3]。通常日曜日の午後二時から始まる「連歌の会」も、挙句を詠み終わる頃は薄暗くなっている。夕方六時過ぎまでかかることも多いのである。時間の経つのを忘れるような「連歌の会」。まだ一回に一、二句採択される程度なのだが、もっと勉強し、言葉を覚え、詩心を養い、すらすらと詠んでみたいものだと思っている。

注
（1）平成六年六月二十六日　賦白何連歌
（2）平成六年八月二十八日　賦何草連歌
（3）平成六年三月二十七日　賦手何連歌
※　いずれも『平成の連歌』（須佐神社連歌の会編・平成九年）に収録。

三　ある日の連歌会（2）

［特別に参加していただいた大阪大学名誉教授の島津忠夫先生と同じ座で連歌を巻く機会があった。その時の様子を綴った文章である。］

平成二十年五月二十五日（日）十四時開始。人数が多いので、籤で二座に分かれ、私はいのちのたび博物館学芸員の有川宜博氏が宗匠を務める座になった。連衆は九人。（途中から十人。）発句は、島津先生の「あらはれて樹ゞ緑濃し祇《かみ》の園《その》」。前日の雨に濡れ、お宮の木々の緑も一段と美しく感じられる情景が詠まれている。脇句は、有川宗匠の「天《あめ》の恵みに勢《きほ》ふ早苗田」。「あらはれて」という言葉を受け、雨を「天の恵み」と表したものと思われる。第三句は東三子さんの「時鳥遥かな空を翔くるらん」。夏の鳥、ほととぎすを詠み込むことで、新たな世界が描かれる。このように前句に合わせて句を付けていき、一巡するまでは、一人一句ずつ詠む。

初折表六、憲正さんの「せまる夕暮れ秋まだ暑し」という句に、ヨシ子さんは第七「望月の光すがしく身にうけて」と付けた。ルール上、秋の句は三句から五句、続けねばならない。私は秋の季語である「萩」を詠みこみ、「静かにゆるる萩の一群《ひとむら》」と付けた。第六句と第七句のつながりから言えば、望月の光を受けたのは人間だが、第七句と第八句とのつながりからすると、光を受けたのは萩ということになる。前に戻ることなく、次々と新しい展開をしていくことが、連歌では肝要である。私の句に安民君は「をちこちの狭庭《さには》にひびく虫の声」と付けてくれた。萩の下で虫が鳴く情景へと変わっていく。

初折裏九「古《いにし》への曲水の宴あでやかに」という憲正さんの句に私が「水面《みなも》にうかぶ月のどかなり」と付けると「水」という字が前句にあり、重なってしまうので障ると指摘された。あれこれ考えていると島津先生が「たゆたふ月の影のどかなり」とするといいですよと直してくださった。第九句と合わせると水面に月が浮かんでいる様子を「水面」という言葉を使わずに表すことができたことになる。

第十四句で島津先生が詠まれた「明日は峠を越えんとすらん」という句に「遥かなる筑波の道をたどりつつ」と詠むと、採択された。連歌のことを「筑波の道」と言う。奥深い連歌の世界に分け入って、少しずつ学んでいった結果、その面白さを実感できるようになった自分のことを表すことができたような気がして、とても嬉しく感じた。今まさに、島津先生に教えを受けながら、筑波の道を辿っている我が身である。

さて、名残折表三、ヨシ子さんの句「地震《なゐ》に泣く外《と》つ国の民《たみ》救はばや」は、中国の震災を詠み込んだ時事句である。それに付けた「巌を破る手力もがな」という、ともこさんの句に島津先生は「盗み見る天照《あまて》る神の御姿」と付けられた。天照大御神が岩に閉じこもる話へと大きく展開。「天照《あまて》る神」を「天照大御神《あまてらすおおみかみ》」と言うようになったのは、本居宣長以降からだと、この時教えていただいた。

名残折表十「狩り場の皇子《みこ》のもの思ふころ」という島津先生の句は、恋句である。恋句は、二句から五句、続ける必要がある。第十一句「わが手房《たぶさ》ふりても見まし君なれば」「霧にしのばむ逢瀬こそ憂し」と続く。恋は人生において大変重要であるように、連歌においても恋句はなくてはならないものである。名残折裏は、穏やかに景色などを詠む。第七句「花の定座」でヨシ子さんは「薄墨《うすずみ》の花の盛りや千代八千代」と詠み、安民君が「日がな一日《ひとひ》はうららかな宮」と挙句《あげく》を付け、十七時半頃満尾した。

平成二十年五月二十五日

大祖大神社
須佐神社社務所会議室
宗匠　有川宜博
執筆　高辻安民

賦一字露顕連歌

（初折表）

一　あらはれて樹ゞ緑濃し祇《かみ》の園《その》　忠夫
二　天《あめ》の恵みに勢《きほ》ふ早苗田　宜博
三　時鳥遥かな空を翔くるらん　東三子
四　生けるものみな野辺にやすらふ　ともこ
五　いつしかに里山近く道拓け　泰子
六　せまる夕暮れ秋まだ暑し　憲正
七　望月の光すがしく身にうけて　ヨシ子
八　静かにゆるる萩の一群《ひとむら》　淳

（初折裏）

一　をちこちの狭庭《さには》にひびく虫の声　安民
二　つづれさすべし夜は長くして　東三子
三　君に寄す思ひの丈は瀬をはやみ　ヨシ子
四　割れてといふも遠き日のこと　忠夫
五　恋の果て目《ま》な裏白き雪の径　東三子
六　文ひたかくす墨染めの袖　ともこ
七　法を説く聖も時に優しくて　忠夫
八　かすかに聞こゆ琴の音ゆかし　泰子
九　古《いにし》への曲水の宴あでやかに　憲正
十　たゆたふ月の影のどかなり　淳
十一　誰が家の庭より来たる花びらぞ　東三子
十二　風あたたかく欄干《おばしま》を吹く　ともこ
十三　さすらひの旅の衣をととのへて　ヨシ子
十四　明日は峠を越えんとすらん　忠夫

（名残折表）

一　遥かなる筑波の道をたどりつつ　淳
二　歌詠みかくる人はあらじと　東三子
三　地震《なゐ》に泣く外《と》つ国の民《たみ》救はばや　ヨシ子
四　巌を破る手力もがな　ともこ
五　盗み見る天照《あまて》る神の御姿　忠夫
六　祭囃子に笑みこぼる稚児　安民
七　法被着てねじり鉢巻きやっさやれ　ヨシ子
八　飛沫はねあげ酒樽を割る　ともこ
九　ふたつみつ空に飛び立つ鷹のあり　安民
十　狩り場の皇子《みこ》のもの思ふころ　忠夫
十一　わが手房《たぶさ》ふりても見まし君なれば　東三子
十二　霧にしのばむ逢瀬こそ憂し　宜博
十三　三日月の京都平野にかかりゐて　敦子
十四　風を奏づる今竹の春　憲正

（名残折裏）

一　見渡せば白帆の遠く見え隠れ　泰子
二　潮路を越えて大いなる虹　敦子
三　客人のために簾を押し上げて　ともこ
四　香りほのかにただよひ来たる　憲正
五　つばくらめ高く低くと飛び遊び　泰子
六　かすめる山の奥ぞゆかしき　忠夫
七　薄墨《うすずみ》の花の盛りや千代八千代　ヨシ子
八　日がな一日《ひとひ》はうららかな宮　安民

（句上）

島津忠夫　七　有川宜博　二　安藤東三子　六
松清ともこ　六　猪本泰子　四　中村憲正　四
上畑ヨシ子　六　黒岩　淳　三　高辻安民　四
森友敦子　二

第三節　第三回全国連歌大会（大阪杭全神社）

大阪市平野区に鎮座する杭全《くまた》神社は、平安時代初期、征夷大将軍坂上田村麻呂の子、広野麻呂が杭全荘を荘園として賜り、居を構え、その子当道が貞観四（八六二）年に創建したと言われる。南北朝時代の後醍醐天皇の勅学や室町時代の熊野本地絵草子等、貴重な文化財も数多くあるが、特筆すべきことは、ここに宝永五年に再建された連歌所が現存していることである。昭和六十二年からは毎月連歌会も行われている。（『平野法楽連歌――過去と現在――』杭全神社編・和泉書院・一九九三年）

平成十三年十月二十日（土）、第三回全国連歌大会が、杭全神社で行われた。開会式の後、五つの座に分かれて連歌創作が始まった。各座の宗匠は、島津忠夫、高辻安親、鶴﨑裕雄、光田和伸、筒井紅舟の各氏であった。五座の内、四座は世吉で、高辻安親氏が宗匠を務めた土橋《つちはし》の座のみ百韻で巻いた。十月二十二日の朝日新聞大阪版に

> 百句は《無月なりそこはかとなき酔ひごこち》（妙子）に《山峡《やまかひ》の里霧立ちのぼる》（淳）がつくなど連想の妙の連続。

と、私の句が取り上げられて嬉しかったことも、思い出される。

平成十三年十月二十日・二十一日
全国連歌大会・土橋《つちはし》座

平野杭全神社連歌所
宗匠　高辻安親
執筆　有川宜博

賦青何連歌

（初折表）

一　言の葉もおし照る宮の紅葉かな　宜博
二　心つくしにはるる秋空　正謹
三　たかまれる海鳴りいだく月ならん　安親
四　浜の白砂淡く浮きたる　初子
五　降るとなく降らぬともなく降《くだ》る雨　美代子
六　ひら野に大き冬の虹たつ　邦榮
七　吹く風の冴えわたりたる旅の宿　信二
八　家並みをつつみなびく湯けむり　淳

（初折裏）

一　萌えいづる草のほのかに匂ひ来て　テル子
二　ゑまひそめたる遠き山脈《なみ》　あすか
三　春の水すくふ童の手の清ら　栄子
四　鞠つく息もかろく弾めり　坐忘
五　それぞれの別れゆく声夕空に　貞子
六　星をみつめてたちつくす恋　長駆
七　こみあぐる思ひはいつも美しく　純女
八　去年《こぞ》のひと日も紫苑にゆるる　妙子
九　翅の色あはれ鮮《あたら》し秋の蝉　よね
十　うつろふ露のならひなりせば　秀康
十一　つれづれに地酒酌みたる山暮し　初
十二　やうやう水の温むこのごろ　安
十三　月いでてしだるる花のかげの濃し　邦
十四　おぼろおぼろの刻《とき》すぎてゆく　妙

（二折表）

一　世の中は憂しやたのしや縄を綯《な》ふ　あ
二　茶はなほ苦くなほ甘き如《ごと》　坐
三　お手前の袖もすがしき乙女髪　貞
四　吹き来る風のいと涼しくて　安
五　端居して猫はおだしく眠りをり　初
六　久方ぶりのゆるき陽のもと　秀
七　弔ひの道音もなくすぎゆかん　安
八　荒磯の波の寄せては返す　邦
九　我こそは新島守と名乗りつゝ　坐
十　今宵再び雪となるらし　安
十一　さしくるは山の端ならん望の月　初
十二　雁来紅《がんらいこう》のあやなせる頃　あ
十三　虫の声消ゆる踏石ふみゆけば　邦
十四　にじり口開けさはやかに風　徳彦

（二折裏）

一　家移りは心の丈もあらたまり　正
二　歌新しく詠みいだしてむ　安
三　ゆつたりと林の中を歩かんか　初
四　手つなぎながら胸のたかまる　あ
五　はるかなる海のかなたをゆびさしぬ　貞
六　怒りの雲を吹き払ふべく　長
七　み吉野の峰々をこえ東風強し　邦
八　朝の木立に鳥の囀る　信
九　花ひらと観音さまの御衣《おんぞ》にも　あ
十　慎み深くをうな語らふ　純
十一　来し方の生きのあかしの様々に　妙
十二　傾く月に道の明るし　信
十三　つづきたる刈田はなべてひそかなる　初
十四　ただ遠く聞くきりぎりすにて　秀

（三折表）

一　辻々にばつちよ傘たつばさばさと　あ
二　渡る神あればひらふ神あり　妙
三　貴船社の茅の輪くぐりて祓ひける　よ
四　晒井《さらしゐ》の水手桶に透きぬ　初
五　時ならずま白き雪の降り出でて　邦
六　赤き角巻き駒子のやうに　あ
七　そむきたる人の面影消えやらず　安
八　古き文なる契りかひなし　秀
九　蜻蛉《かげろふ》のまとひつくがにうきにけり　初
十　露けき風の夕べとなりぬ　邦
十一　無月なりそこはかとなき酔ひ心地　妙
十二　山峡《やまかひ》の里霧立ちのぼる　淳
十三　瀬の音のたかまるままに橋の上　純
十四　筏流しの声も響ける　貞

（三折裏）

一　見渡せば昼なほくらき杉並木　秀
二　欠け地蔵たつ追分の道　妙
三　おむすびをころりと落とす旅の人　坐
四　狸鼬《いたち》の穴多からん　安
五　隠れ湯に明日を恃まん寒茜　あ
六　ぽたり雫の苔ぬらす音　坐
七　山深く歌をきはめてませしてふ　安
八　筑波のゐにし行末までも　純
九　いとほしき君への思ひ身にしみて　淳
十　淡き宵月野の原にいづ　初
十一　ゆるやかに流るる水の澄みわたり　邦
十二　大いなる石庭先におく　初
十三　待ちまちし皇《すめ》らが花の宴なむ　宜
十四　日嗣のみこはかぎろひの中　あ

（名残折表）

一　日めくりをめくり忘れて弥生尽　長
二　とにかくとしはとらぬがよろし　安
三　出稼ぎの度に減りゆく仕事先　秀
四　風にふかれていづこへなりと　初
五　酔芙蓉淡く小さく終はんぬる　よ
六　馬追のひげそよろそろそろ　長
七　子どもらが堅塩《かたし》に来よととんぼつり　栄
八　よびにきたりし母もともども　あ
九　村雨にしとどに濡るる昼下がり　淳
十　空さりげなく晴るる雲行　坐
十一　寒々と尾上にかかる鎌の月　純
十二　心の闇をあばかれて立つ　美
十三　襟元の筋目をたどり汗にじむ　秀
十四　畳におとす黄楊の櫛なる　あ

（名残折裏）

一　新しき梁高々とあがりたり　安
二　ひと列並《つら》みて鳥渡りくる　美
三　音もなく初潮薫る離れ島　淳
四　とぼしきまゝの稔田豊か　邦
五　紫の煙たなびく里くれて　妙
六　すぐろ野に降る暖かき雨　美
七　濡れてなほ色まさりゆく花うまし　邦
八　歌にあはせて蝶のつれ舞　純

（句上）　有川宜博　二　藤江正謹　二
高辻安親　十一　柳原初子　十一　恒成美代子　四
松養邦榮　十　稲光信二　三　黒岩　淳　五
門田テル子　一　三神あすか十一　善　栄子　二
大坪坐忘　六　石田貞子　四　鈴木長駆　四
岡部純女　六　島居妙子　七　山田よね　三
大田秀康　七　金子徳彦　一

第四節　山口連歌大会

はじめに

連歌は、中世には大変盛んであったが、江戸時代以降俳諧が盛んになるにつれ、一般には衰退していく。しかし、その連歌が、ここ数年各地で復興されつつある。全国連歌大会は、平成十三年に大阪の杭全《くまた》神社で行われ、平成十五・十六年には、行橋市を会場として開催された。(1)そして、平成十八年は、十一月十一日（土）十二日（日）の二日間にわたり、山口で開催された。十一日は、山口市の菜香亭《さうこうてい》において、ギャラリー形式座と交流座の二座、十二日は防府天満宮に場所を移して、四座に分かれ、世吉連歌が巻かれたのである。その連歌大会に参加することができたので、報告をしたい。

一　山口と連歌

室町時代の守護大名大内政弘《まさひろ》は、和歌や連歌に通じており、連歌師として著名な宗祇を、文明十二（一四八〇）年と延徳元（一四八九）年の二度にわたって山口に招く。下向した宗祇は、政弘やその家臣の屋敷で数々の連歌座に出座

菜香亭

している。そして宗祇は、政弘の勧めと援助によって明応四（一四九五）年、準勅撰の連歌選集『新撰菟玖波《つくば》集』を選定した。

二　菜香亭

十一日の会場となった菜香亭は、明治十年頃、現在の山口市上竪小路、八坂神社境内の一角に料亭を開業したのが始まりと言われ、その後増改築を繰り返してきた歴史的建造物である。料亭としての菜香亭は、政治の場ともなり、多くの政治家が出入りした。平成八年に料亭として幕を閉じた後、保存を要望する市民運動が高まり、平成十八年には、山口市天花の地へ移転・再建築が決まる。現在では、市の文化活動の場の提供を行っている。

会場となった大広間には、木戸孝允、伊藤博文、山縣有朋、井上馨、岸信介、佐藤栄作といった錚々たる歴史的人物の扁額が掲げてあり、その歴史を感じさせる。昭和五十年、佐藤栄作元首相のノーベル平和賞受賞祝賀会が開催されたのも、菜香亭であった。

三　ギャラリー座

連歌とは、どのようなものかということを一般に公開・説明するのを目的として、ギャラリー座が設けられた。宗匠は、大阪大学名誉教授の島津忠夫氏。執筆は、国際日本文化研究センター助教授の光田和伸氏。解説は、帝塚山学院大学名誉教授の鶴崎裕雄氏である。いずれも連歌研究者として著名な先生方である。

連衆は、各地の連歌会で熟達している方々。まず鶴崎氏の発句「歌に絵によしある雪の舟出かな」が披露される。室町時代に活躍した禅僧の名前「雪舟」が詠み込まれている。雪舟は応永二一（一四五四）年頃、周防国に来て、大内氏の庇護を受けた。山口の常栄寺にも雪舟の庭がある。

脇句は、山口大学助教授尾崎千佳氏の「風冴えわたる初《うひ》の海つ路《ぢ》」。「風冴ゆ」が冬の季語である。そして「一巡」つまり連衆が一句ずつ詠み継いだ句が披露された。その後は「出勝」で、句を思いついた人が次々と句を詠むことになる。

元来、連歌は音声によって出句し、執筆も音声で受ける形態であったと考えられるが、この時は小短冊を用いて行われた。連衆は思いついた句を小短冊に書き、それを執筆に提出するのである。執筆と宗匠は、提出された句が式目に合っているかどうか確認しながら、句を採択する。音声だと、出句者がどんな句を考えたか、連衆にもわかるが、小短冊だと、それを読む宗匠と執筆にしかわからないので、少し残念。

初折裏十四、筒井紅舟先生の詠まれた句に「帷雪《かたびらゆき》」という季語が使わていた。「帷雪」とは、薄くて大きな雪片、つまりあわ雪のことだとその時知った。優雅な言葉だと印象に残った。雅語をうまく使いこなすことが、連歌においては特に大切であることを改めて思う。名残折表四、服部満千子さんの句「史《ふみ》なき授業末ぞあやふき」は時事句である。全国の進学校において世界史等の未履修問題が、ニュースとなっていることを踏まえている。名残折表六「心やさしく日の本のこと」に付けた高柳みのりさんの「夜回りの打ちゆく音も凍りつつ」は、前句の「日の本」を「火の元」として詠んだ句である。表記より

ギャラリー座

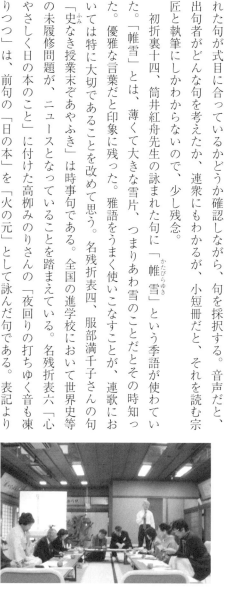

も「ひのもと」という音声を重視するので、このような展開が可能となる。名残折表十三の鶴崎先生の句「澄む月に慮《おも》ひも静か古館」は、会場である菜香亭の大広間に掲げてあった岸信介書の扁額「澄心静慮」の文字を詠み込んだ句である。

世吉形式なので、四十四句詠む。後半、名残折裏に入り、一般からも付句を募るということになった。見学していた私も、せっかくの機会であるので、思いついた句を次々と提出した。小短冊形式の連歌は私は初めてであった。他の連衆や参加者がどのような句を作ったのかわからないという難点については先述したが、作者にしてみれば、人目を気にすることなく気楽に作りやすいという利点もある。音声の連歌であれば、ある程度句を考え直し、自分の納得する形にして出句するのであるが、小短冊なので、ひらめいた句は書いてすぐに提出した。

なかなか採択されなかったが、名残折裏の第三句、恒成美代子さんの句「霽消えて見渡すかぎり広野なり」に、「一重に二重に虹かけ渡る」という句を考え提出した。すると、島津先生が自ら近寄って来られて、前句に「見渡す」という言葉があるので、「渡る」という言葉を使わずに句を作るようにと言われた。そこで、「虹かけわたる」を作り直して「虹かけそむる」と訂正すると採択してくださった。嬉しい瞬間であった。名残折裏七は山下喜代子さんの花の句「水たたへ花をたたへて一の坂」。前句「日がな廻るか唐臼の音」と合わせると川沿いの桜が美しく咲いている所に唐臼の音が響いてくる長閑な情景が思い浮かぶ。水の豊かな流れを感じさせる「たたへ」と桜を称美する意の「たたへ」を続けることでリズムも感じられる。「一の坂」という地元の地名を詠み込んであり、とても素敵な句である。その喜代子さんの句に、執筆の光田先生は「摘める若菜も香るふる道」と付けられた。会場「菜香亭」の「菜香」を詠み込んでいる。

平成十八年十一月十一日

菜香亭

宗匠　島津忠夫
執筆　光田和伸

賦初何連歌

（初折表）

一　歌に絵によしある雪の舟出かな　裕雄
二　風冴えわたる初《うひ》の海つ路《ぢ》　千佳
三　ひさかたの四方の光もかがよひて　紅舟
四　峯高らかに雲を戴く　みのり
五　古里はこの杣林尽くる村　初子
六　あかねあきつは群れつつ飛べり　さかえ
七　夜空をさへ縹《はなだ》に染めて月ひとり　満千子
八　矢立て片手に温め酒酌む　正水

（初折裏）

一　旅衣濡れてせむすべなきがまま　美代子
二　菖蒲は雨に薫るのみなる　忠夫
三　老いぬとも人やは人を訪はざらん　和伸
四　かの日のことは胸にひめつつ　初子
五　片恋の空言さへもたのみしか　みのり
六　身を救はれん念仏の声　正水
七　尺八の調べふきゆく竹林　満千子
八　嵯峨は野分の渡るゆふべぞ　美代子
九　月はまた照り翳るこそおもしろき　みのり
十　宴の庭にすだく虫の音　千佳
十一　手びねりの坏《つき》のめぐれる歌筵　紅舟
十二　こなたかなたの水温みつつ　美代子
十三　日もたけて花の便りの待ち遠し　千佳
十四　帷雪《かたびらゆき》の解けそむる朝　紅舟

（名残折表）

一　富士の山飛びゆく鳥の影ひとつ　さかえ
二　世界遺産に名乗りを上げむ　正水
三　古へに想ひをはする人あれば　泰子
四　史《ふみ》なき授業末ぞあやふき　満千子
五　鳴神の怒りにふれてなんとせう　美代子
六　心やさしく日の本のこと　建
七　夜回りの打ちゆく音も凍りつつ　みのり
八　母の編みたる襟巻の赤　さかえ
九　傘越しにまどふそなたの立姿　未貴
十　寄する波間にいかめしき顔　歩
十一　朝に日に様の変はらぬ案山子なり　安民
十二　きりたんぽ持ち暮るるを急ぐ　初子
十三　澄む月に慮《おも》ひも静か古館　裕雄
十四　世外に在れば身もさはやかに　みのり

（名残折裏）

一　足早に季の移ろひすすむころ　逸子
二　指笛で呼ぶ光るたてがみ　俊介
三　靄消えて見渡すかぎり広野なり　美代子
四　二重に三重に虹かけそむる　淳
五　滴りはひくき軒端を落ちつぎて　さかえ
六　日がな廻るか唐臼の音　紅舟
七　水たたへ花をたたへて一の坂　喜代子
八　摘める若菜も香るふる道　和伸

（句上）

鶴﨑裕雄　二　尾崎千佳　三
筒井紅舟　四　高柳みのり　五　柳原初子　三
喜多さかえ　四　服部満千子　三　高松正水　三
恒成美代子　五　島津忠夫　一　光田和伸　二
猪本泰子　一　建　一　井上未貴　一
松岡　歩　一　高辻安民　一　西田逸子　一
俊介　一　黒岩　淳　一　山下喜代子　一

四　防府天満宮

翌十二日の会場は防府天満宮大専坊である。言うまでもなく、天満宮なので菅原道真を祭っている。道真は連歌と関わりが深く、連歌座では道真を描いた絵を掛けて行われることがしばしばあった。(2)各座の宗匠は次の通りである。

島津忠夫氏（大阪大学名誉教授）
光田和伸氏（国際日本文化研究センター助教授）
筒井紅舟氏（歌人）
有川宜博氏（北九州市立いのちのたび博物館学芸員）

五　光田座の連歌

私は、光田先生が宗匠を務める座に参加した。発句は、前田賤さんの「かさね来し霜の形見や道あらた」という句。発句は挨拶句でもある。「かさね来し道」「あらたなる道」とは、「連歌の道」のことも含めていると考えられる。脇句は宗匠である光田先生が「千たびの冬にいろ深き松」と付けられた。「千たび」という数や「いろ深き松」という言葉には、「祝意」も込められているように思う。

初折表八「虫の音」を詠んだ句に「旅ゆけば萩の一群《ひとむら》ゆれてをり」と付けてみ

防府天満宮

た。ちょうど「萩」の花に関心を持っていた時だった。「旅ゆけば」を「旅なれや」と宗匠に訂正していただき、採択となった。「旅ゆけば」に比べて思いが深く表現され、味わい深くなった。初折裏三「夕暮れはきみの面影深まりて」は恋句。初子さんは「衣ずれに胸高まりしころ」と付けた。夕暮れ時分、恋人の来訪を期待して待っている気持ちを巧みに表していると思う。初折裏八、中野たつ子さんの「瀬戸の内海波のしづけさ」という句を聞いて、私が幼い頃過ごした山口県光市近辺の海を思い浮かべて作った句が、「釣り糸をたるる小舟の二つ三つ」である。初折裏十四、柳原初子さんは、「野辺の有明」を詠んだ。有明の月が出ている時分なので、「後朝の別れ」を詠んで恋句にしようと考えた。その「後朝《きぬぎぬ》の別れのつらさ今ぞ知る」という句に、たつ子さんは「消すにけされぬ埋み火もあり」と付けてくださった。恋人が去った後、その余韻に浸っている姿が思い浮かぶ。

名残折表六で「あまた大臣《おほおみ》」が詠まれた。会場となった山口は、多くの首相を輩出している。安倍首相も山口出身である。美貴さんは「山の口」という言葉を使って句を詠んでいる。固有の場所を表す言葉を「名所《などころ》」と言う。名残折表八、善帆さんの句「湯田につかりて中也そらんず」には、「湯田」という名所が詠まれている。中也とは、言うまでもなく山口の詩人中原中也のことである。

名残折裏七は「花」の定座である。「周防」という名所を使って「花みてる周防のまちを歩かばや」と賤さんは詠んだ。挙句は初子さんの「歌ををさめて春の神垣」。花の咲き誇る周防の町並みが思い浮かぶような美しい情景で世吉一巻が満尾した。

平成十八年十一月十二日

防府天満宮　大専坊
宗匠　光田和伸
執筆　柳原初子

賦山何連歌

（初折表）

一　かさね来し霜の形見や道あらた　賤　冬
二　千たびの冬にいろ深き松　和伸　冬
三　なごやかに友垣広く集ふらむ　正水　雑
四　はるか連なる山なつかしく　たつ子　雑
五　いづくより届く香りのほのかなる　ヨシ子　雑
六　さやけき風は雲を動かす　美貴　秋
七　池の辺の檜皮の屋根に望《もち》の月　善帆　秋
八　虫の音聞きつ刻《とき》はうつれる　佐保　秋

（初折裏）

一　旅なれや萩の一群《ひとむら》ゆれてをり　淳　秋
二　峠のしるべ古りてかたむく　ひろ子　雑
三　夕暮れはきみの面影深まりて　雅恵　雑
四　衣ずれに胸高まりしころ　初子　雑
五　汗さへも香しかるは恋ゆゑに　賤　夏
六　涙のきれぬ吾が身なれども　善帆　雑
七　ふるさとに帰れば友は笑顔にて　雅恵　雑
八　瀬戸の内海波のしづけさ　たつ子　雑
九　釣糸をたるる小舟の二つ三つ　淳　雑
十　空は果てなく鳥のとび交ふ　善帆　雑
十一　参道に願ひいろいろ絵馬の面　正水　雑
十二　白酒くみて背伸びする稚児　佐保　春
十三　佐保姫もめでし老木の花ざかり　ヨシ子　春
十四　おぼろにすける野辺の有明　初子　春

（名残折表）

一	後朝《きぬぎぬ》の別れのつらさ今ぞ知る	淳	雑
二	消すにけされぬ埋み火もあり	たつ子	冬
三	雪はただ甍をおほひ時もなく	善帆	冬
四	お講詣りの喜びの日々	正水	冬
五	衣ふるく虚心の文字もうすれゐて	賤	雑
六	国ををさめむあまた大臣《おほおみ》	正水	雑
七	見わたせば四方にそびゆる山の口	美貴	雑
八	湯田につかりて中也そらんず	善帆	雑
九	真昼間の空を映して川あをし	たつ子	雑
十	ほととぎすこそ村に来て鳴け	ヨシ子	夏
十一	羅《うすもの》の針を急ぎて選ぶ糸	賤	夏
十二	娘二十歳の季はみじかく	善帆	雑
十三	おばしまに二人の月は輝きて	ヨシ子	秋
十四	日ましに移ろふもみぢ葉のいろ	美貴	秋

（名残折裏）

一	ふちになり早瀬になりて秋清く	正水	秋
二	げにさはやかに風も過ぐらし	ヨシ子	秋
三	鄙びたる里に高館そびえたる	淳	雑
四	ひと村雨を待つ昼さがり	善帆	雑
五	いづかたへ翔けゆく鳥か影よぎる	賤	雑
六	山やく煙見ゆるをちこち	正水	春
七	花みてる周防のまちを歩かばや	賤	春
八	歌ををさめて春の神垣	初子	春

（句上）

前田　賤	六	光田和伸	一	高松正水	六
中野たつ子	四	上畑ヨシ子	五	井上未貴	三
小林善帆	七	田中佐保	二	黒岩　淳	四
桑原ひろ子	一	中野雅恵	二	柳原初子	三

終わりに

連歌会に参加すると、その日初めて会った人でも、連歌を終える頃には、旧知の人のように感じられてくる。人と人が共同で詩を作りながら交流をするという、連歌はすばらしい伝統文芸だといつも思う。特に全国大会となると、各地の連歌人が集まるので、とても刺激になり面白い。

防府天満宮で全国連歌大会を開催するというのは、私が連歌を教わった故高辻安親宮司の願いであった[3]。そのこともあり、今回参加してみて感慨深いものがあった。

注

(1) 平成十六年十一月に開催された国民文化祭連歌大会の記録は『現代の連歌』(国民文化祭　行橋市連歌企画委員編・海鳥社・平成十七年)として刊行された。記念講演やシンポジウムの他、連歌実作会の作品も収録されている。

(2) 室町期になると、連歌会席に天神名号もしくは画像を掛けることが一般的になったらしい。廣木一人『連歌の心と会席』(風間書房・二〇〇六年)

(3) 高辻安親宗匠追悼録『須佐の杜』が、今井祇園連歌の会によって、平成十八年十月に刊行された。約四十人の追悼文の他、追善連歌会の作品や生前のインタビュー記事が掲載されている。

【参考文献】山口連歌の会会報「山口連歌」第二号(平成十九年)

第五節　博多百韻の会

一　平成二十二年　連歌会

平成二十二年九月二十六日、博多の龍宮寺で五百三十年ぶりに連歌が復興された。博多の冷泉町にある龍宮寺は、人魚寺としても有名だが、宗祇が今から五百三十年前の文明十二（一四八〇）年、いわゆる「博多百韻」を巻いた由緒あるお寺でもある。そのことは宗祇の「筑紫道記《つくしみちのき》」に書かれており、「秋更けぬ松のはかたの沖つ風」という宗祇の句を発句とする博多百韻の写本は北九州市立中央図書館に蔵されている。

復活した連歌会には、私も参加させてもらった。この博多連歌復活という大変意義のある企画を考えられたのは、漫画家の長谷川法世氏。現在は、博多町家ふるさと館館長、博多町人文化連盟理事長などを務められながら、博多の文化活動において中心的な活躍をされている。私は、高校時代に法世氏の漫画「博多っ子純情」を愛読していた。主人公の郷一平が高校生として描かれている頃、私もちょうど高校生だったこともあり、次の新刊が出るのを待ち遠しく思いながら読み耽っていた。だから、連歌会の準備の際に、法世さんとお会いできた時は感激した。それも連歌を一緒にできることになったのだから、「ご縁」というのは不思議なものだと感じた。

二十六日の連歌会には、連衆十四人が集まった。住職の岡村龍生氏にお経をあげていただいた後、法世さんの発句から始まった。

季来《とき》るや虫の音すだく浮御堂《うきみどう》　法世
ふたたび渡る雁の一列《ひとつら》　龍生
萩の花ほどろほどろと散り敷きて　冴子
息《おき》つ浜御寺《みてら》ゆかしき八重の花　龍生

世吉形式なので、四十四句続けていく。そして、という句に

若駒はづむ千代の国原　淳

と私が挙句を付けて満尾した。

一週間後の十月三日には、西日本新聞会館でシンポジウム「よみがえる博多連歌」が開催された。パネリストは、長谷川法世氏、宗匠を務められた北九州市立いのちのたび博物館学芸員の有川宜博氏、歌人で福岡女学高校教諭の桜川冴子氏と執筆《しゅひつ》を務めた私の四人。

その中で話題になったのが、用語の問題だった。連歌は大和言葉を基本とする。しかし、もっと身近な言葉、カタカナ語や漢語も使って良いのではないかという意見が出た。確かに、大和言葉で現代のすべてのことを表現することはできない。しかしながら、大和言葉を基本とするということをやめてしまったら、それは「連歌」ではなく「連句」になってしまう。連句には連句の良さがあるだろうが、連歌にこだわってみたいという気持ちが私にはある。失われつつある美しい大和言葉をあえて使ってみたいと思うのだ。シンポジウムの中で、有川宗匠も述べていたが、大和言葉を使うことで、現代の人だけではなく、先人にもつながることになるのだと思う。「言葉」をつないで「心」をつなぐ「連歌」というものの良さを改めて感じたシンポジウムだった。（『文化ふくおか』第一七六号（福岡文化連盟・平成二十二年十二月）に詳細記事あり）

龍宮寺

さて、龍宮寺において、平成二十四年には、有川宜博宗匠のもと、二年ぶりに世吉連歌が巻かれた。平成二十五年は、百韻連歌が巻かれ、隣の和室で高校生の座が設けられ、福岡高校と福岡女学院高校の生徒が参加

平成二十二年九月二十六日

龍宮寺

宗匠　有川宜博

執筆　黒岩　淳

賦玉何連歌

（初折表）

一　季《とき》来るや虫の音すだく浮御堂《うきみどう》　法世
二　ふたたび渡る雁の一列《ひとつら》　龍生
三　萩の花ほどろほどろと散り敷きて　冴子
四　香り踏みわく夕暮れの道　彩子
五　軒をもる月の光の涼しかり　史子
六　鼓は猛しだうだうたらり　奈菜子
七　笛に舞ふ緋色の袖は風に揺れ　賢治
八　円居してゐる鴉子鴉　澄子

（初折裏）

一　辛夷咲き明るくなりし町の辻　晃
二　雛の市はにぎはひにけり　隆子
三　大空に凧のいろいろ泳ぎゐて　智恵子
四　雲間に見ゆる峰の紫　康彦
五　金色の翼迦楼羅《かるら》の今吠えし　宜博
六　恋の炎は燃えに燃え立つ　淳
七　海鬼灯君待ちがてに鳴らしけり　隆子
八　背戸の浜風足音もなく　法世
九　ゐ並びて垂るる竿あり鯊子釣　奈菜子
十　心づくしの有明の月　史子
十一　白玉の露に濡れつつ歩むらん　冴子
十二　碑ひとつ木の下に寂び　隆子
十三　老の旅行きていづこも花の空　晃
十四　円き窓より野を焼く煙　賢治

（名残折表）

一　水張田にかはづはなきつ暮れなづむ　史子
二　御湿りといふ雨を恋ひけん　奈菜子
三　うち集ひ両手をあげて歌はむか　澄子
四　南無南無みんな仏の子らよ　智恵子
五　寒の入り門前に売る豆太鼓　蛍流
六　竹馬に乗る日々のなつかし　康彦
七　垂《しづ》り雪かたみに杯をかさねたる　彩子
八　草の庵に影のうつろふ　澄子
九　傷つきて生れくる伽羅の薫りとぞ　奈菜子
十　振り返り見る君がまなざし　冴子
十一　しろがねの月の雫を浴ぶるほど　隆子
十二　稲舟すすむゆるりゆるりと　康彦
十三　新嘗の供へうるはし明日香川　宜博
十四　中大兄は飛石を跳ぶ　晃

（名残折裏）

一　単《ひとへ》なる袴の裾を絡げつつ　澄子
二　草履にからむ空蝉いとし　法世
三　夕顔のたそがれ淡き小柴垣　蛍流
四　山峡《やまかひ》深くさわぐ竹群　賢治
五　古への路は途切れつなほつづき　智恵子
六　頬うつ風に春をとはまし　彩子
七　息《おき》つ浜御寺《みてら》ゆかしき八重の花　龍生
八　若駒はづむ千代の国原　淳

（句上）

長谷川法世	三	田浦賢治	三	有川宜博	二
岡村龍生	二	たけするゑ澄子	四	黒岩　淳	二
桜川冴子	三	久津　晃	三	中村蛍流	二
見城彩子	三	長谷川隆子	四	諸岡史子	三
隈智恵子	三	村田奈菜子	四	久家康彦	三

し、私はその高校生の座の宗匠を務めた。（『文化ふくおか』一八五号（福岡文化連盟・平成二十五年十二月）に詳細記事あり）平成二十七年一月は、世吉連歌が巻かれた。平成二十四年と二十七年の世吉連歌では、私が執筆を務めたので、その時の連歌作品と解説を次に掲載する。

二　平成二十四年　連歌会

平成二十四年十月二十八日

博多百韻の会　龍宮寺

賦何風連歌

宗匠　有川宜博
執筆　黒岩　淳

（初折表）

一　行く秋や人魚《いろこ》も歌ふ龍《たつ》の寺　晃　秋
二　三度《みたび》の宿をかざるもみぢ葉　龍生　秋
三　月影の照らす甍の白くして　法世　秋
四　かうと鳴きつつ鶴《たづ》渡り来る　冴子　秋
五　吹く風に猪《しし》が衾《ふすま》もはがされむ　澄子　冬
六　めぐり清《すが》しき冬の園生は　奈菜子　冬
七　草の根の激しき雨に洗はれぬ　あき子　雑
八　あかねの空に雲は流るる　英子　雑

（初折裏）

一　はれやかに衣干したり夏近し　史子　春
二　遠き国より土降り来たる　ひふみ　春
三　残り雪庭の木陰に子ら群れて　隆子　春
四　ほほゑみ浮かべ翁立ちをり　賢治　雑
五　見上ぐれば暮るる山際雁の列《つら》　康彦　秋
六　逆打ちなれど遍路やや寒　宜博　秋
七　失恋の痛みを胸に露しとど　淳　秋
八　君が写真を破り捨てたり　冴子　雑
九　しがらみを断ちてこぎゆく渡し舟　澄子　雑
十　水面《みなも》を分かち冴ゆる月かも　法世　冬
十一　村々をあとに一途な神の旅　晃　冬
十二　女子《をみな》はふたり出雲へ向かふ　英子　雑
十三　なびなびと花の衣を連ねたり　奈菜子　春
十四　雛の箱の上《へ》懐かしき筆跡《て》の　隆子　春

（名残折表）

一　嬰児《みどりご》の声ねむげなる目借り時　史子　春
二　かの島々よのどけからまし　法世　春
三　潮騒の遠く聞こえて腕枕　澄子　雑
四　波止場にあまた海猫の舞ふ　賢治　雑
五　手花火にうからの集ふ夏休み　史子　夏
六　ささやささやさや笹の葉ゆれて　冴子　雑
七　中空を雲に譲らぬ小望月　澄子　秋
八　鈴虫の音を風の運びし　康彦　秋
九　村祭り社へつづく人の群　ひふみ　秋
十　誰《た》がためならむ口の紅《べに》ひく　奈菜子　雑
十一　はるかなる戦《いくさ》のあとに別れけり　晃　雑
十二　真砂踏みつつ浜辺をあゆむ　賢治　雑
十三　行《ゆ》くさ来《く》さ唐草模様の絹の道　史子　雑
十四　外《と》つ国酒に今宵明るみ　冴子　雑

（名残折裏）

一　琵琶の音に耳傾くる宴《うたげ》なり　あき子　雑
二　香を焚きしめて袖を通しぬ　英子　雑
三　百敷《ももしき》の豊《とよ》の節会《せちゑ》の捧げ物　隆子　冬
四　雪の都の夕片設《かたま》けむ　晃　冬
五　裏小路淡き光に照らされて　康彦　雑
六　鶯の声森にこだます　ひふみ　春
七　山の辺の風に舞ひたつ花筵《はなむしろ》　あき子　春
八　海うららかに渡れ唐船《からぶね》　淳　春

（句上）

久津　晃　四　村田奈菜子　三　長谷川隆子　三
岡村龍生　一　和田あき子　三　田浦賢治　三
長谷川法世　三　キム英子　三　久家康彦　三
桜川冴子　四　諸岡史子　四　有川宜博　一
たけするゑ澄子　四　古野ひふみ　三　黒岩　淳　二

連歌は、前句と合わせて一つの世界を作り上げていく。前句と合わせて鑑賞することが肝要である。したがって、前句と合わせるとどのようになるかという点を中心に解説していきたい。句を付ける時、打越《うちこし》（二つ前の句）の世界に戻らないように句を付けるという点も大切である。連歌は次々と新しい世界を詠んでいかなければならないのである。なお、各句における主な句材の分類を解説の後に示した。

賦何風連歌

賦物は「何風」。「何」に、発句にある「秋」という言葉を入れ、「風」と合わせて「秋風」という熟語を作る。賦物は、本来一巻全体に関係していたが、現在では発句だけに名残を留めている。

（初折表）

一　行く秋や人魚《いろこ》も歌ふ龍《たつ》の寺　　晃　秋

発句。連歌会が開催された季節「行く秋」を詠む。また、発句は挨拶句でもある。会場となった龍宮寺を「龍の寺」と詠み込んでいる。龍宮寺は、人魚の寺としても有名。創建当初は、袖の湊の海辺にあり、浮御堂と称していたが、貞応元（一二二二）年に海中より人魚が出現した際、国家長久の瑞兆と占われ、その人魚を寺内に埋葬したのに因んで寺名を龍宮寺と改称したとのことである。その故事を踏まえ、「人魚も歌ふ」と表現。「も」という助詞を使用することで、我々は勿論、人魚も歌を楽しんでいるだろうという意味になる。釈教。

二　三度《みたび》の宿をかざるもみぢ葉　　龍生　秋

脇句も発句に対する挨拶句。寺も晩秋を迎えているが、紅葉した葉によって美しくなったという付け。龍宮寺が博多百韻の会の会場となるのも今回で三度目。三度も会場となって、竜宮寺も華やかになりましたと感謝の気持ちを表している。植物《うえもの》（木）・居所《きょしょ》。

三　月影の照らす甍の白くして　　法世　秋

月の定座は、初折表七であるが、引き上げた。紅葉が美しい宿の甍に月の光が降り注ぐ趣深い情景となる。紅葉の「赤」と月光が照らす甍の「白」のコントラストが印象的である。光物《ひかりもの》・時分《じぶん》（夜）・居所。

四　かうと鳴きつつ鶴《たづ》渡り来る　　冴子　秋

甍という近景に鶴が飛んでいる遠景を付けた。「鶴」だけだと冬の季語だが、「鶴渡る」だと秋の季語となる。「たづ」は歌語。「かう」という擬声語が巧み。動物《うごきもの》（鳥）。

五　吹く風に猪《しし》が衾《ふすま》もはがされむ　　澄子　冬

空では鶴が飛んでおり、冷たい風が吹きすさぶ。その風に猪の衾も剥がされているだろうと想像している。「衾」とは、掛け布団のような夜具。猪の夜具とは、落ち葉などと思われるが、「落ち葉」という言葉を使うと脇句の「もみぢ葉」に障ることになるので、うまく比喩的に表現している。「猪」は秋の季語であるが、冬の季語である「衾」の方が、この句においては意味合いが強いので、冬の句とする。秋から冬への季移りとなる。動物（獣）。

六　めぐり清《すが》しき冬の園生は　　　　奈菜子　冬
前句と合わせると、すがすがしい冬の園生を見渡しながら、猪の様子を想像している句となる。風も気持ちの良い風に感じられる。

七　草の根の激しき雨に洗はれぬ　　　　あき子　雑
激しい雨のため、草の根が露出したのだろうか。「洗はれぬ」とあるので、汚れが落とされ、きれいな根を見せている感じがする。その草の根が見えている冬の園生の情景となる。降物《ふりもの》・植物（草）。

八　あかねの空に雲は流るる　　　　英子　雑
草の根という近景に、雲の流れている空という遠景を配した。雨の後の夕焼けであろうか。茜色の空が印象的。聳物《そびきもの》。

（初折裏）

一　はれやかに衣干したり夏近し　　　　史子　春
雲は流れているが、夏が近く衣を干している情景となる。「春すぎて夏来にけらし白妙の衣ほすてふ天の香具山」（持統天皇・新古今集）の歌を思い出させる。衣類。

二　遠き国より土降り来たる　　　　ひふみ　春
衣を干していると、黄砂が降ってきた。衣も汚れるのではないかと心配になってくる。「土降る」（＝黄砂）

は春の季語。

三　残り雪庭の木陰に子ら群れて　　　　　隆子　春

雪の残る庭の木陰で子どもたちが集まっている。遊んでいるのだろうか。そんな時、黄砂が降ってきて、遠くはかすんでいるのであろう。降物・居所・植物（木）・人倫《じんりん》。

四　ほほゑみ浮かべ翁立ちをり　　　　　賢治　雑

庭の木陰で遊んでいる子どもたちを優しい眼差しで見ながら佇んでいる翁。あどけない子どもたちの様子を見ていると自然と微笑まれてくるに違いない。人倫。

五　見上ぐれば暮るる山際雁の列《つら》　　　　　康彦　秋

微笑んでいた翁の視線に目をやると、暮れていく山際に雁が列をなして飛んでいるのが見える。雁を見ながら、翁は何を思っているのだろうか。時分（夕）・山類《さんるい》・動物（鳥）。

六　逆打ちなれど遍路やや寒　　　　　宜博　秋

やや寒くなってきた季節に、雁を見ながら遍路を歩んでいる句となった。「遍路」だけだと、春の句になるが、「やや寒」という秋の季語があるので、秋の句とする。お遍路では、「同行二人」という言葉を目にするが、この言葉は、お遍路がお大師さまと二人づれという意味。遍路では一人で歩いていても常に弘法大師が側にいて、その守りを受けているということである。お遍路で札所にお参りすることを「打つ」と言い、四国を時計まわりに巡ることを「順打ち」、反時計まわりに巡ることを「逆打《ぎゃくう》ち」と言う。一般的には「順打ち」が基本とされているが、「逆打ち」の方が功徳が大きいとされている。弘法大師が順打ちで四国を巡っているので、逆打ちすれば、必ずどこかで大師に出会えるということが、理由としてあるそうだ。その「逆打ち」なのだが、季節柄やはり肌寒く感じられるという句である。「遍路」は、漢語のため、俳言。俳言は三句まで続けることができる。釈教。

七　失恋の痛みを胸に露しとど　　淳　秋

前の句と合わせると、失恋の痛みを胸に抱えて遍路道を辿っている句となる。「露」が秋の季語であるが、「涙」の意味も持たせている。草の道を歩くため、ぐっしょり露に濡れている様子と、失恋の悲しみで涙が止めどなく流れている様子を表しているのである。最初は「失ひし恋の痛みに」として出句したが、俳言を三句続けることができなくなるのは残念という声が寄せられたため、「失恋」と漢語に変更。降物・恋。

八　君が写真を破り捨てたり　　冴子　雑

失恋して、大切にしていた相手の写真を泣く泣く破り捨てたという句になった。「写真」が漢語で俳言。「君」が恋の言葉。人倫・恋。

九　しがらみを断ちてこぎゆく渡し舟　　澄子　雑

しがらみは、川の中に杭を打ち並べ、竹や木を横に組んで堰き止めるもの。また、比喩的にも用いられる。しがらみを断ち切って渡し舟は進んでゆくのであるが、思い出の詰まった写真を破り捨て、今までのことを断ち切るかのように舟に乗って渡っていくことも表す。水辺《すいへん》。

十　水面《みなも》を分かち冴ゆる月かも　　　　法世　冬

舟で川を渡っていると、水面が右左と分かれる。片方の水面に冬の月が映っている様子が想像できる。「月」だけだと秋の季語であるが、「冴ゆる」が冬の季語なので、「冴ゆる月」も冬の季語。「冴ゆ」とは、寒々しいという意味とくっきりと澄んでいる様子を表す。光物・時分（夜）・水辺。

十一　村々をあとに一途な神の旅　　　　晃　冬

「神の旅」とは、陰暦十月に諸国の神々が出雲大社へ集まるために旅立つこと。毎年〱この季節になると何はさておいても出雲へ出掛ける神々、「一途な」には、揶揄の心も感じられる。とはいえ、寒々しくくっきりとした月が照っている中、神が旅しているという幻想的な句となった。神祇・旅。

十二　女子《をみな》はふたり出雲へ向かふ　　　　英子　雑

「神の旅」なので、出雲と付けた。神も出雲に向かい、女の子二人も出雲へ向かう。出雲大社は縁結びの神様。男の子の話をしながら旅をしているのだろう。人倫・名所。

十三　なびなびと花の衣を連ねたり　　　　奈菜子　春

花の定座。「なびなびと」は、「流麗に、ゆったりと」という意味。世阿弥の『花鏡』に「節かかり美しく下りて、なびなびと聞こえたらんは」とある。出雲に向かう乙女が華やかな衣を纏っている艶やかな姿が想像できる。衣類・植物（木）。

十四　雛の箱の上《へ》懐かしき筆跡《て》の　　隆子　春

花の衣の雛人形を、箱から取り出していると、箱の上に書かれている懐かしい筆跡が目にとまる。親の筆跡か、それとも祖父母の筆跡だろうか。大切にしまっていてくれた深い愛情が、花の衣を纏った雛の姿にも、感じられる。

〈名残折表〉

一　嬰児《みどりご》の声ねむげなる目借り時　　史子　春

眠たそうな赤ん坊の声も聞こえて来る、のどかな春に、箱の中から雛人形を取り出している情景となった。「目借り時」とは、「蛙《かはづ》の目借り時」のことで、春の季語。春は暖かい陽気のせいで、ついうとうととしてしまう。春に眠気を催すのは、蛙が人目を借りるためだという俗説に基づいてできた季語と言われている。人倫。

二　かの島々よのどけからまし　　法世　春

赤ん坊の声も眠そうで、ゆったりと時間が流れるような一時。騒がしいあの島々ものどかであったらなあという付け。竹島、尖閣諸島といった領土をめぐる、韓国、中国との軋轢を踏まえた時事句である。山類《さんるい》・水辺。

三　潮騒の遠く聞こえて腕枕　　澄子　雑

腕枕をしながら遠くに潮騒を聞いている。のんびりしながら遠くの島々に思いを馳せているに違いない。水辺。

四　波止場にあまた海猫の舞ふ　　賢治　雑

波止場の見える場所でごろんと横になっているのであろう。上空を海猫が何羽も舞っているのを見ながら、潮騒を聞いている句となった。水辺は三句まで続けることができる。但し、水辺には、体と用との区別があり、体用体や用体用とならないようにしなければならない。ここでは、島（体）潮（用）波（用）となっており、認められるのである。動物（鳥）・水辺。

五　手花火にうからの集ふ夏休み　　史子　夏

「うから」とは、親族、一族。夏休み、波止場に一族が集まって、花火を手に持って興じている様子となった。海猫の声も聞こえるのであろう。「花火」はもともと秋の季語。だが、この句は「夏休み」とあるので、夏の句。人倫。

六　ささやさやさや笹の葉ゆれて　　冴子　雑

一族が集まってしている花火の横では、笹が揺れている。「さやさや」が音を立てている様子と揺れている様子を表しており、リズムを感じさせ、魅力的な句となっている。植物（竹）。

七　中空を雲に譲らぬ小望月　　　澄子　秋
笹が揺れているその空には、小望月が出ている。「小望月」とは、満月前夜の月。「雲にゆづらぬ」とあるので、煌々と照って存在感を示しているような月が想像できる。光物・時分（夜）・聳物。

八　鈴虫の音を風の運びし　　　康彦　秋
空に照っている月に誘われるかのように鳴き出した鈴虫。その清らかな音色が風に乗って聞こえてくる。動物（虫）。

九　村祭り社へつづく人の群　　　ひふみ　秋
村の社の祭りにあまたの人々が出掛けている。その道の脇で、鈴虫が鳴いている情景と大きく展開。人倫・神祇。

十　誰《た》がためならむ口の紅《べに》ひく　　　奈菜子　雑
村祭りに行く人々を眺めながら、こっそり口紅を引いている女性。口紅を引いているのは、他の誰でもない、あの人のために引いているのである。これから会う約束でもしているのであろう。期待に胸膨らませている乙女を想像することができる。人倫・恋。

十一　はるかなる戦《いくさ》のあとに別れけり　　　晃　雑
遠い国での戦争の後、心ならずも別れてしまった。誰のために私は口紅を引いているのであろう。口紅を引く意味合いが、変わってきた。恋。

十二　真砂踏みつつ浜辺をあゆむ　　　　　賢治　雑

別れの悲しみを噛みしめながら、浜辺を一人で歩いている。戦は、目の前にひろがる海の彼方で行われていたのだろう。水辺。

十三　行《ゆ》くさ来《く》さ唐草模様の絹の道　　　　　史子　雑

「行くさ来さ」とは、行く時と帰る時、行き帰りの意。万葉集に「白菅の真野の榛原《はりはら》行くさ来さ君こそ見らめ真野の榛原」（巻三）とある。絹の道はシルクロード。シルクロードに浜辺があるのだろうかという疑問が出されたが、オアシスならぬ湖の浜辺だろうということで一件落着。

十四　外《と》つ国酒に今宵明るみ　　　　　冴子　雑

絹の道を旅する途中であろうか、外国の酒に酔いしれながら一晩過ごしたのである。外国酒はワインであろう。次第に明るくなっていくなかに絹の道も見渡されたに違いない。連歌学書『産衣《うぶぎぬ》』には、「宵は時分に非ず」とある。

（名残折裏）

一　琵琶の音に耳傾くる宴《うたげ》なり　　　　　あき子　雑

琵琶の演奏を聞きながら、宴を楽しんでいる様子となった。外つ国の酒に合う琵琶とは、正倉院にある「螺鈿紫壇五弦琵琶」のような琵琶であろうか。

二　香を焚きしめて袖を通しぬ　　　英子　雑

香をたきしめた衣に袖を通し、宴を楽しむ。お洒落をしながら、大切な賓客に会おうしている姿が思い浮かぶ。衣類。

三　百敷《ももしき》の豊《とよ》の節会《せちゑ》の捧げ物　　　隆子　冬

美しい衣服が捧げ物ということになろうか。香をたきしめ、捧げる前にこっそり袖を通している様子が想像できる。「豊の節会」とは、「豊の明かりの節会」のこと。新嘗祭または大嘗祭の翌日に豊楽殿で行う公式の宴会。天皇が新穀を召し上がり、群臣にも賜る。宴の後、五節の舞などが行われた。打越の「宴」との差合が気になるが、これは宗匠執筆の責任。

四　雪の都の夕片設《かたま》けむ　　　晃　冬

「夕片設く」とは、夕方になる、夕方を待ち受けるの意。雪の降る都で、宴の始まる夕方を待っているだろうという句となる。時分（夕）・降物。

五　裏小路淡き光に照らされて　　　康彦　雑

雪の降る都の裏小路が、夕日に照らされている情景。雪が降っているので、光も淡く感じられる。

六　鶯の声森にこだます　　ひふみ　春

鶯の声が森に谺するという句を付けることで、前句の淡い光は、昼間の光のように感じられてくる。森と言っても街の近くの森である。動物（鳥）。

七　山の辺の風に舞ひたつ花筵《はなむしろ》　　あき子　春

花の定座。山から吹く風に花は舞い、鶯の声も響き渡る光景となった。「花筵」は、花の散り敷いた様子を表す。山類・植物（木）。

八　海うららかに渡れ唐船《からぶね》　　淳　春

挙句。花が舞い散る丘の彼方には海が見え、そこには、大きな中国の船がゆったりと渡っているのが見える。博多は昔から中国との交易で栄えた街であるので、宗祇の『筑紫道記』にも、「前に入り海遥かにして、志賀の島を見渡して、沖には大船多くかかれり。もろこし人もや乗りけんと見ゆ」とある。そのことを詠み込もうと考えた。しかし、今、領土問題で日中の外交が冷え込んでいる。「うららかに渡れ」とすることで、友好的な関係に戻ってほしいという願いを込めた。

三　平成二十七年　連歌会

平成二十七年一月十八日　龍宮寺

宗匠　有川宜博
執筆　黒岩　淳

賦御何連歌

（初折表）

一　平らなる世をこそ祈れ初歌会《はつうたゑ》　冴子　新年
二　注連《しめ》とる寺に集ふ詠み人　龍生　新年
三　暁烏《あけがらす》吉事《よごと》めでたく羽ばたきて　史子　雑
四　遣水《やりみづ》の音遠くさやけし　隆子　雑
五　はらはらと紅葉《もみぢ》かつ散る石の上　康彦　秋
六　野分《のわき》の風の吹きまよひつつ　澄子　秋
七　後《のち》の月もどる光りぞたぐひなき　賢治　秋
八　装《よそほ》ふ山を登りゆかばや　奈菜子　秋

（初折裏）

一　見渡せば草原四方《よも》に広ごりて　法世　雑
二　空に飛び立つ雲雀《ひばり》ありけり　佳世　春
三　入学の学び舎《や》前に息を吸ふ　奈々花　春
四　二人並びてふらここを漕ぐ　弘子　春
五　若き僧つつみし花の知恩院　由美　春
六　分け入る峰に道はつづかず　宜博　雑
七　失ひし恋の傷跡癒ゆるなし　淳　雑
八　水面《みなも》に揺るる妹《いも》が顔《かんばせ》　隆子　雑
九　凍《い》て蝶や古里遠く離れきて　賢治　冬
十　冬の弓張哀れいざなふ　奈菜子　冬
十一　言霊《ことだま》の使ひとなりし童あり　史子　雑
十二　狩衣《かりぎぬ》の裾ひるがへす風　澄子　雑
十三　大路《おほぢ》ゆく葵の挿頭《かざし》日に映えて　法世　夏
十四　ゆらゆらとして逃げ水を追ふ　冴子　夏

（名残折表）

一　泥まみれ目と目で笑ふ幼どち　奈々花　雑
二　なだりに咲ける堅香子《かたかご》の花　隆子　春
三　ほのぼのと明くる山里雉の鳴く　康彦　春
四　広き末黒《すぐろ》野《の》もえたつ煙　賢治　春
五　涅槃西遠方人《をちかたびと》の便りなし　史子　春
六　淡き思ひは心にとどめ　佳世　雑
七　待ち臥《ふ》すも逢へばにはかに嘯《うそぶ》けり　奈菜子　雑
八　急ぎ籠もて忍びて行かん　澄子　雑
九　木の実酒醸《かも》し醸してただひとり　史子　秋
十　めぐる花野にはや日暮るる　隆子　秋
十一　ひた走れ追ひくる月に照らされて　奈々花　秋
十二　絶えぬいさかひうち捨つるとも　法世　雑
十三　大地震《なゐ》のあとにしづめる陸《くが》しづか　冴子　雑
十四　網代守《あじろもり》らの友呼ばふ声　隆子　冬

（名残折裏）

一　茅葺の屋根に降り積む雪白し　佳世　冬
二　軒のつららを曲げし山風　康彦　冬
三　飾りつけ兎馬をぞ奉る　史子　雑
四　鷺の飛びゆく茜の空を　賢治　雑
五　おもむろに流れて雲の連なりぬ　奈菜子　春
六　春のしじまに鼓ひびけり　冴子　春
七　花見袖たどれば宴《うたげ》盛りなり　法世　春
八　のどかに渡る夢の浮橋　澄子　春

（句上）

桜川冴子　四　岡村龍生　一　諸岡史子　五
長谷川隆子　五　久家康彦　三　たけすゑ澄子　四
田浦賢治　四　村田奈菜子　四　長谷川法世　四
石松佳世　三　山崎菜々花　三　中野弘子　一
塚田由美　一　有川宜博　一　黒岩　淳　一

賦御何連歌

賦物は「御何」。「何」に、発句にある「歌」という言葉を入れ、「御」と合わせて「御歌」という熟語を作る。

（初折表）

一　平らなる世をこそ祈れ初歌会《はつうたゑ》　冴子　新年

新年を迎え、平和な世になることを祈って、こうして初連歌を催すのですよという思いを述べた発句。会場となった龍宮寺は、祈るのにふさわしい場所ですねという挨拶句でもある。

二　注連《しめ》とる寺に集ふ詠み人　龍生　新年

「客発句亭主脇」ということで、脇句は龍宮寺住職の岡村龍生氏。正月も過ぎ、ようやく注連縄を取り外した寺に歌人が集まり連歌会が始まる。寺に来ていただいたことへの感謝の気持ちを込める挨拶句。神祇・釈教・人倫。

三　暁烏《あけがらす》吉事《よごと》めでたく羽ばたきて　史子　雑

暁方、寺に歌人が集うと、烏《からす》が羽ばたいた。それはおめでたいことのように感じられる。そもそも烏は古来、吉兆を示す鳥であった。神武天皇の東征の際には、三本足の烏として知られるの八咫烏《やたがらす》が、熊野国から大和国まで導いたという神話がある。ちなみに日本サッカー協会のシンボルマークはこの八咫烏である。時分（朝）・動物（鳥）。

四　遣水《やりみづ》の音遠くさやけし　　　　　　　　　隆子　雑

遣水とは、庭園などに水を導き入れて流れるようにしたもの。鳥が羽ばたくだけでなく、遣水の澄んだ音も遠く聞こえてきて、いっそう良いことが起こりそうな気がしてくる。水辺。

五　はらはらと紅葉《もみぢ》かつ散る石の上　　　　　　康彦　秋

木々が紅葉しながら、一方ではらはらと石の上に散り、遠くで清らかな遣水の音が聞こえるという情景の句となった。「紅葉散る」だと冬の季語であるが、「紅葉かつ散る」だと秋の季語。植物（木）。

六　野分《のわき》の風の吹きまよひつつ　　　　　　　　澄子　秋

野分は、台風の古称。野分の風が吹いたので、紅葉が散ったという付け。「吹く」ではなく、「吹きまよふ」とすることで、「紅葉かつ散る」という言葉に寄り添う感じがする。

七　後《のち》の月もどる光りぞたぐひなき　　　　　　　賢治　秋（月）

陰暦八月十五夜の月を初名月というのに対して、九月十三夜の名月を「後の月」という。野分の風が少しおさまった頃だろうか、日に日に光を増し、今宵十三夜の月がたぐいなく美しい光を放っている。時分（夜）・光物。

八　装《よそほ》ふ山を登りゆかばや　　　　　　　　　　奈菜子　秋

「装ふ山」は、紅葉して色を変える山。美しい「後の月」を見ていると、紅葉した山の美しさも思い出され、登りたいという気持ちが募ってくる。山類。

（初折裏）

一　見渡せば草原四方《よも》に広ごりて　法世　雑

見渡すと草原が四方に広がっていて、その向こうには、紅葉した山が見えるのであろう。雄大な自然が、山へ来ないかと誘っているようで、登りたくなってくる。植物（草）。

二　空に飛び立つ雲雀《ひばり》ありけり　佳世　春

広がる草原に、雲雀が飛び立った。雲雀は、太陽にとどけとばかり、鳴きながら高く舞いあがる。いかにも春らしい景色へと転じた。動物（鳥）。

三　入学の学び舎《や》前に息を吸ふ　奈々花　春

入学する学び舎の前で大きく息を吸う。期待と不安を感じながら、新しい生活に臨もうとしている新入生が想像される。その時、雲雀が空へと飛び立った。若者を励ますかのようでもある。

四　二人並びてふらここを漕ぐ　弘子　春

「ふらここ」は、ブランコのことで春の季語。学び舎の前で二人並んで、息を吸ってぶらんこを漕ぎはじめる。息を合わせることで、同じように漕ぐつもりなのであろう。小学校入学前の幼い友だちどうしであろうか。人倫。

五　若き僧つつみし花の知恩院　　由美　春（花）

知恩院は、京都市東山区にある浄土宗総本山の寺院。知恩院の若い僧を包み込むように桜の花が満開の様子。初折裏の花の定座は、第十三であるが、引き上げた。若い僧が童心に返って、二人並んでぶらんこを漕いでいる情景を想像するのも面白い。釈教・人倫・植物（木）・名所。

六　分け入る峰に道はつづかず　　宜博　雑

分け入っていく峰の道を覆い隠すかのように知恩院の花が咲き誇っている。修行する若い僧を励ますかのような桜であろう。山類。

七　失ひし恋の傷跡癒ゆるなし　　淳　雑

失恋して、気分転換に山登りをしてみたが、道は途中で消えてしまった。恋の痛手は癒えることなく気分は沈んだまま。道が続かないように、恋も続かないのである。恋。

八　水面《みなも》に揺るる妹《いも》が顔《かんばせ》　　隆子　雑

失恋した男が、水面を覗き込む。水面を見ても思い浮かぶのは、彼女のこと。しかし、その顔は揺れている。それは、男の心の揺れをも映しているかのようである。水辺・人倫・恋。

九　凍《い》て蝶や古里遠く離れきて　　賢治　冬

故郷を遠く離れ、水面を見て故郷の妹の顔を思い浮かべている。「凍て蝶」とは、冬まで生きのびて、ほとんど動かない蝶。それを見ると悲しみがいっそう増すのである。動物（虫）・居所。

十　冬の弓張《ゆみはり》哀れいざなふ　　　　奈菜子　冬（月）

凍て蝶に寂しさを感じつつ、空を見上げると弓張月が出ている。故郷を思い出し、さらに哀れさが増してくる。光物・時分（夜）・述懐。

十一　言霊《ことだま》の使ひとなりし童あり　　　　史子　雑

言霊とは、言葉に宿ると信じられた霊的な力のこと。子どもは本来霊的な力を宿すものと考えられていた。哀れを誘う弓張月を背景とした夢幻的な世界になった。人倫。

十二　狩衣《かりぎぬ》の裾ひるがへす風　　　　澄子　雑

少年の狩衣の裾を風が翻している。風に乗ってきた童＝風の又三郎も連想される。また、風が裾を翻した瞬間に童に霊が宿った、すなわち風の方に霊性を見る解釈も可能。衣類。

十三　大路《おほぢ》ゆく葵の挿頭《かざし》日に映えて　　　　法世　夏

葵祭の情景が思い浮かぶ。葵祭は、五月十五日、京都の下鴨神社および上賀茂神社で行われる大祭。正式には賀茂祭であるが、参列者や社殿・用具などに葵を飾るので、葵祭と呼ばれている。練り行く狩衣姿の人の頭に葵が挿してあり、風に吹かれつつ日に照り映えている様子。植物。

十四　ゆらゆらとして逃げ水を追ふ　　冴子　夏

夏の強い日差しのため、熱せられた大路に水があるように見える。そんな中を葵祭の行列が進んでいく。葵もひときわ目立つのである。水辺。

（名残折表）

一　泥まみれ目と目で笑ふ幼どち　　奈々花　雑

暑い時に子どもたちが笑いながら泥遊びをしている。遠くには逃げ水が見え、それを追いかけたりもしている。不思議な逃げ水を面白がっているのであろう。人倫。

二　なだりに咲ける堅香子《かたかご》の花　　隆子　春

「なだり」とは、斜面のこと。「かたかご」とはかたくりの古名。斜面に、薄紫や桃色のきれいな花を見つけ、泥が付くのも構わず遊び興じている子どもたち。植物（草）。

三　ほのぼのと明くる山里雉の鳴く　　康彦　春

かたくりの花が咲いている山里の夜明け。雉も鳴き、春らしい光景である。時分（夜）・山類・居所・動物（鳥）。

四　広き末黒野《すぐろの》もえたつ煙　　賢治　春

「末黒野」は、春、枯れ草を焼いて一面に黒くなっている野原。夜明けから野焼きをしている。煙も出ている。雉も驚いて鳴いているのであろう。聳物。

五　涅槃西遠方人《をちかたびと》の便りなし　　史子　春

「涅槃西」とは、陰暦二月十五日の涅槃会《ねはんえ》の前後に吹く風。涅槃会とは、釈迦の入滅《にゆうめつ》の日に、日本や中国などで行われる、釈迦の遺徳追慕と報恩のための法要である。その風が吹く頃、野焼きが行われており、気になる遠方の人のことを思い出すが、その人からの便りはない。人倫・旅。

六　淡き思ひは心にとどめ　　佳世　雑

恋しい気持ちは、表に出してはいないのだが、遠方にいる人が気にかかる。その人からの便りをずっと待っているのだが、涅槃西が吹くころになっても何の連絡もなく、さびしく思っている様子が想像される。恋。

七　待ち臥《ふ》すも逢へばにはかに嘯《うそぶ》けり　　奈菜子　雑

好きな人が早く来ないかと寝ながら待っていたのだが、いざその日がやってくると、恋心は隠して、急にとぼけたふりをする。男女の関係にまだ慣れていない初心《うぶ》な女の人の気持ちだろうか。恋。

八　急ぎ籠もて忍びて行かん　　澄子　雑

恋人の来訪を待っていたが、逢うと空とぼけている。場所が悪いからだろうか。それでは移動しよう。急いで籠を用意せよ。こっそり出かけよう、といったところだろうか。「籠もて」は、「籠を持って来い」と命令しているようにもとれるし、「籠で」と手段を意味しているようにもとれる。恋。

九　木の実酒醸《かも》し醸してただひとり　史子　秋

木の実の酒を造り、ひとりで味わっていると、無性に恋人に逢いたくなった。人目を忍びつつ急いで籠に乗って出かけようという句。植物。

十　めぐる花野にはや日暮るる　隆子　秋

「花野」は、秋草の花が美しく咲いている野を意味するので、秋の季語となる。日の暮れるのも日に日に早くなる季節。夕暮れ時、秋草の花を見ながら散策しては、木の実酒を造っているのであろう。植物・時分（夕）。

十一　ひた走れ追ひくる月に照らされて　奈々花　秋（月）

日が暮れ、月も出てきた。その月に照らされながら、花野をひたすら走れと呼びかけている。自分自身を奮い立たせようとしているとも考えられる。光物・時分（夜）。

十二　絶えぬいさかひうち捨つるとも　法世　雑

争いが続き絶えることがない。それを打ち捨てても自分の信ずる道をつき進めと励ましているようである。

十三　大地震《なゐ》のあとにしづめる陸《くが》しづか　冴子　雑

「しづむ」は、「沈む」と「鎮む」の両方の意味が考えられる。争い事は続いており、それを考えないとしても、大地震の後沈んだ目の前の陸地は今静かな状態にある。あの災害が幻であったかのように落ち着きを取り戻した状況であろうか。

十四　網代守《あじろもり》らの友呼ばふ声　　　　　　　　　　　　隆子　冬

「網代」は川の瀬で魚をとるための仕掛け。冬、川の瀬に梁と呼ばれる竹や木を並べ、端に簀《す》を置き、そこに来る魚を捕まえる。宇治川のものが有名。大地震の後、今は川も静まり、網代で漁をしている人が友を呼んでいる声も響いている。水辺・人倫。

〈名残折裏〉

一　茅葺の屋根に降り積む雪白し　　　　　　　　　　　　　　　佳世　冬

川辺にある茅葺の屋根に白い雪が降り積もっている。網代守が友を呼ぶ声も聞こえてくる。寒く、手足がかじかむ中、漁をするのも大変であろう。居所・降物。

二　軒のつららを曲げし山風　　　　　　　　　　　　　　　　　康彦　冬

屋根に雪が降り積もり、軒のつららは曲がっている。強い山風が吹き付けるので、つららが傾いているのである。居所・水辺・山類。

三　飾りつけ兎馬をぞ奉る　　　　　　　　　　　　　　　　　　史子　雑

兎馬とは、驢馬のこと。驢馬の耳が長いことからそう呼ぶ。つららができ、山風の吹きすさぶ寒い季節に驢馬に飾りを付けて奉納するのであろう。動物（獣）。

四　鷺の飛びゆく茜の空を　　　　　　　　　　　　　　　　　　賢治　雑

夕焼けで赤くなった空を白い鷺が飛びゆく。色彩的な美しさが感じられる。そのころ、驢馬を奉納する。夜にかけて神事が行われるのかもしれない。動物（鳥）。

五　おもむろに流れて雲の連なりぬ　　奈菜子　春

ゆっくりと雲が流れて連なり、赤く夕陽に染まっている空を、鷺が飛んでいく情景となった。空に動きが感じられる。聳物。

六　春のしじまに鼓ひびけり　　冴子　春

春の静かな空間に、鼓の音がのどかに響く。ゆったりとした雲の動きも春めいて見えてくる。

七　花見袖たどれば宴盛りなり　　法世　春（花）

静かだと感じていたら、鼓の音が響いてきた。何事かとあたりを見回すと、花見をしている人の袖が見えたので、それを、たどっていくと宴会で盛り上がっていたのであった。植物（木）・衣類。

八　のどかに渡る夢の浮橋　　澄子　春

花見の宴で酒も進めば、眠くなってくる。夢うつつの状態で気分もよく、浮き橋を渡っているような気分である。「夢の浮橋」は、源氏物語の最後の巻名であり、雅な世界も連想させられる。まさに今回の連歌会を象徴している。また、その「夢の浮橋」について連歌学書『産衣』には、「水辺に非ず。只夢の事也」とある。何となくめでたい雰囲気で、余韻を感じさせつつ無事満尾となった。

第六節　国民文化祭・京都連歌大会

はじめに

平成二十三年十一月五・六日に、第26回国民文化祭・京都二〇一一「連歌の祭典」連歌大会が開催された。国民文化祭の正式種目として連歌部門が設けられたのは、平成十六年の国民文化祭・福岡以来で二回目である。五日には、京都テルサで表彰式と講演が行われた。講演は、光田和伸先生の「連歌と連句――表現はどこがちがうか――」と島津忠夫先生の「連歌史と現代連歌をつなぐ糸」であった。

六日には、北野天満宮と東寺において連歌の実作会が催された。北野天満宮は、一般座八座に高校生の座が二座。東寺は一般座が五座であった[1]。私は、北野天満宮の一般座の紅葉の座の宗匠を務めたので、その時のことを紹介したい[2]。

連歌大会

十時前に連歌会参加者全員で拝殿にあがり、参拝した後、各座に分かれて開始。発句は「永久《とは》なるや照葉も

北野天満宮

栄《は》ゆるふみの宮」と私の方で詠ませていただいた。発句は挨拶句でもあるので、秋の季語の中から、美しい色がイメージできる「照葉」を使用しようとまず考えた。北野天満宮は、道真公を祭っており、学問の神様としても知られている。そこで「ふみの宮」という言葉を使うことにした。そして、連歌と歴史的にゆかりの深い北野天満宮が、現代もなお連歌会の会場となっていることを感慨深く感じて、そのことを「永久なるや」という言葉で表現したつもりである。

脇句は、本大会実行委員長でもある、京都連歌の会の髙木秀慈氏に「伝はるまことさやかなる杜」と付けていただいた。道真公の説いた「誠」を添えてくださったのである。第三句は音楽家の宇梶ヒサヨさんの「揺るぎなき巌に鳥の渡り来て」の句。「鳥渡る」が秋の季語。「ゆるぎなき」が巌にかかるのであるが、前句と合わせると、「まこと」にも「ゆるぎなき」が響いてくる。

第四句は、洒落た羽織袴の出で立ちの竹内淳氏。私と同じ「あつし」である。現在大学で教鞭を執られているが、アナウンサーの経験もあり、能も研究されておられる多才な方である。連歌会は初参加ということであったが、本大会において応募句が全国連歌協会会長賞を受賞されておられる。「身を隠しつつさすらふ旅路」と付けたことによって、第三句で詠まれた光景が、旅先で見た光景となる。

第五句は、俳人の島林夕月さんの「いづくより音のかすかに舫ひ舟」という句。前句の「身を隠しつつ」という設定が、よく生かされている。夜ひとり静かに休んでいると、かすかに舫い舟の音が聞こえてくる。海に近いところで、ひっそりと過ごしている旅人が想像される。

北野天満宮　紅葉の座

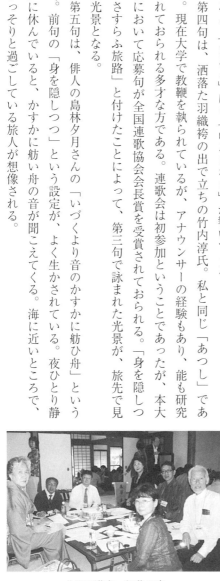

京都にお住まいのベテランの大久保孝子さんは、第六句「潮の香残し海は暮れゆく」と付けた。「暮れてゆく」という時間の経過を詠み込み、暗くなった海辺は何も見えず、ただ潮の香とかすかな舫ひ舟の音だけという情景になった。巧みな展開である。

第五句の「舟」は水辺の「用《ゆう》」、第六句の「海」は水辺の「体《たい》」である。水辺三句続けるためには、「用」「体」と続いているので、「体」にする必要がある。また、月の定座であるが、すでに秋は第三句で切れているので、他季の月を詠み込まねばならない。そのような制約がある中、執筆の永田吉文氏は、水辺の「体」である「磯」と夏の季語である「涼風」と「月」とを見事に詠み込んだ。暮れてゆく磯辺で涼しい風にあたりながら散歩している人物が思い浮かべられる。永田氏は、歌人でもあり、『樹の人』『夏男』という歌集も出されている。武蔵野連歌会を立ち上げ、関東に連歌を広げようと多方面で活躍されている。

さて、その後、順調に句が付けられていった。

初折裏二。ヒサヨさんの「帰りを急ぐ古里の丘」に付けた、孝子さんの「さざん花をよくる白雪かくれ宿」は、実に趣深い。白雪が降り積もっている中、山茶花の花が美しく咲いており、そこだけ雪が避けたようであるという句。「かくれ宿」なので、何か新たなストーリーの展開が期待される。すると、秀慈さんが「逢ふ瀬も久に交すまなかひ」と付けた。隠れ宿で久しぶりに会って見つめ合う二人。風情が感じられる。さらに、吉文さんは「恋の文手づから衣《きぬ》とともにやり」という句によって、その場で恋文と衣とを手渡すという場面とした。竹内淳さんは、「袖をぬらしてただ待ちわぶる」と付け、手渡したことを以前のこととし、今はその思い出を胸に、涙を流しながら、ただ恋人を待ちわびている状況へと転じた。やはり恋句は面白い。

夕月さんの「奈良の都を照らす望月」に、私は「み仏に祈り捧ぐる露の苑」と付けてみた。この年は、三月十一日に東日本大震災が起こり、被災した数多くの人が、今もなお、つらい生活を余儀なくされている。一日も早い復興への願いを込めて詠んだつもりである。

孝子さんの「篁霞む奥の細道」は、「奥の細道」が名所になるのかどうか、少し問題になったが、奥の方に続いている細い道と解釈し、名所とは取らなかった。その句に付けたヒサヨさんの「しだれ咲く花の帷《とばり》の重なれり」の句は、「花の帷」という巧みな比喩表現が前句にうまく付いている。前句と合わせると枝垂れ咲いている花が帳のようになって、篁が霞んでいるように見える景色となる。

「蔀《しとみ》戸越しに囀りの声」は秀慈さんの句。孝子さんの「ゆづられし古き雛《ひひな》のすまし顔」が付くことによって、いかにも春めいて穏やかな室内の様子となった。この句に竹内さんが「主《ぬし》はいづこかただ独り呑む」と付けたことによって、主人を待ちわびて酒を飲んでいる場面へと大きく展開。この展開が面白い。吉文さんが「間遠なる君の訪ひ来る夢を見て」と付け、恋の場面となった。

夕月さんの「錦の袖の秘め事に揺れ」の句は、「錦の袖」が「秘め事」に揺れている、艶めいた様子が想像できるが、その句に「天《あま》駆くるいかづちの音荒々し」と付けた孝子さんも見事である。

竹内さんの「蝉にせかされ汗かはきゆく」に付けた、吉文さんの「もののけの立ちあらはれし枕元」は、前句の状況をうまく生かしている。ここで、座は源氏物語の話に興じた。六条御息所だねという次第。秀慈さんは「香《かう》匂ひくる御簾のひと影」と巧みに付けた。

私の「凍てたる海に語りかけつつ」という句に竹内さんは、「寒空につきさしたる月の牙」と付けた。「月の牙」という表現が面白い。竹内さんによると、「月の牙」という表現が漢詩にあるとのこと。皆感嘆の声をあげた。

北野天満宮　紅葉の座

名残折表に入る。吉文さんの「色づける黄葉《もみぢ》の庭に笛吹きて」に夕月さんは、「友と旅立つさやけき朝《あした》」と付けた。さわやかな秋の朝、笛を吹きながら旅立つ場面となる。さらに孝子さんが、「公達の駒と越えゆく秋の野辺」と付けることによって、馬に乗った公達の旅となる。そして、秀慈さんの付句「矢立を持てば歌の種々《くさぐさ》」。矢立という小道具を描くことで、歌でもひねろうかという風流な様子へと場面は変わっていく。

「東風やはらかく村は静けし」に付けた竹内さんの「集へかし学び舎はいま花満つる」は、「集へかし」とすることで、前句の「村は静けし」が生かされてくる。今は静かだが、桜が満開になったので、皆集まっておいでと呼びかけているのである。「学び舎」は、発句の「ふみの宮」にも呼応している。そして、執筆である吉文さんが「春の匂ひの漂へる頃」と挙句を詠んで無事満尾した。おだやかな春の風景を思い浮かべながら余韻に浸ったのであった。

終わりに

顧みると実に有意義な二日間であった。大会前日の四日（金）の晩、小倉を十一時初の夜行バスで京都に向かった。翌五日（土）の朝八時半に到着。全体会が十三時から予定されていたので、午前中は京都国立博物館に行くことにした。ちょうど「細川家の至宝」展が開催されていた。展示会場でまず目に付いたのが、勝持寺蔵の「大野原千句連歌懐紙」である。元亀二（一五七一）年二月、大原野の勝持寺で、細川幽斎が聖護院門主道澄法親王、三條西実澄、飛鳥井雅敦、紹巴、昌叱等と共に巻いたものであり、幽斎自筆ということであった。金銀泥の下絵もある豪華なものであり、古びているが故、一層趣深く感じられた。巻物になっていた細川幽斎自筆「九州道之記」の端正な文字も印象に残った。

京都テルサでの全大会では、光田先生、島津先生の講演を拝聴し、西山宗因を勉強せねばという思いを強くし、交流会では全国の連歌好士の方々と話が弾んだ。

六日の連歌実作会が充実していたことは先に述べたとおりであるが、その実作会の後は、宝物殿で北野神社蔵の貴重な連歌懐紙の数々を拝見することができて、感銘を受けた。

あらためて、北野天満宮で連歌を巻くことができたことの喜びをかみしめ、楽しかった連歌会を反芻しながら、京都を後にしたのであった。

注

（1）北野天満宮で宗匠を務めたのは、一般座が島津忠夫、光田和伸、藤江正謹、髙柳みのり、丸山景子、千賀誠三、図子まり絵の各先生方と私。高校生の座は藤原光代、小林典央の各氏。東寺観智院では、鶴崎裕雄、有川宜博、筒井紅舟、尾崎千佳、竹島一希の各氏が宗匠を務めた。

各座の作品は、「第26回国民文化祭・京都二〇一一連歌の祭典　作品集」（平成二十三年十二月）に収録されている。

（2）大会当日は時間が限られているため、最初の一巡、つまり初折表七句までは、大会までにファックスやメールで既に巻いておいた。また、当日は四時二十分頃に会場を出ねばならず、名残折裏の花の句と挙句の二句を残して解散となった。その二句は、後日メールで付けてもらったが、時間内に終了しなかったのは、宗匠としての反省点である。

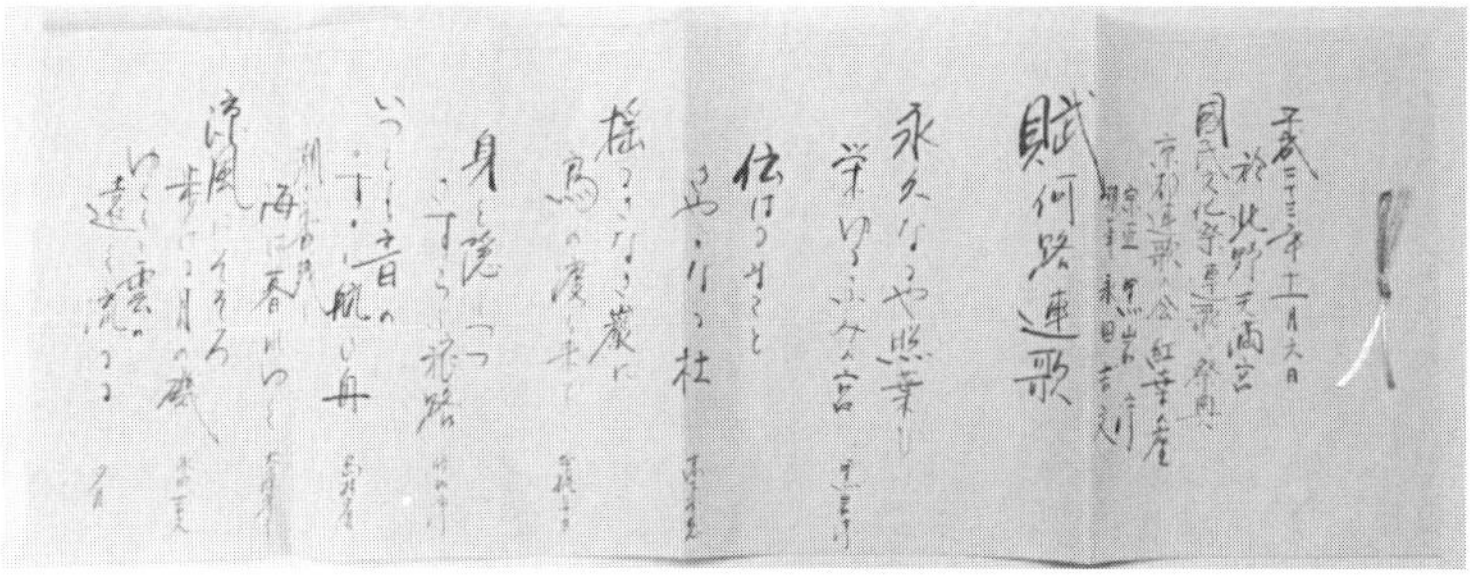

紅葉の座　連歌懐紙（西本弘朝氏 書）

【付記】

後日、京都連歌の会の村尾幸子氏から紅葉の座の連歌懐紙が届いた。西本弘朝氏が正書して下さったとのこと。（前頁写真）感激した次第である。

第26回国民文化祭・京都二〇一一
連歌の祭典連歌大会　北野天満宮
紅葉の座

賦何路連歌

宗匠　黒岩　淳
執筆　永田吉文

（初折表）

一　永久《とは》なるや照葉も栄《は》ゆるふみの宮　黒岩　淳
二　伝はるまことさやかなる杜　高木秀慈
三　揺るぎなき巌に鳥の渡り来て　宇梶ヒサヨ
四　身を隠しつつさすらふ旅路　竹内　淳
五　いづくより音のかすかに舫ひ舟　島林夕月
六　潮の香残し海は暮れゆく　大久保孝子
七　涼風《すずかぜ》にそぞろ歩ける月の磯　永田吉文
八　ゆくりと雲の遠く流るる　夕月

（初折裏）

一　子らがまた笑みをたたへて声をあげ　（竹）淳
二　帰りを急ぐ古里の丘　ヒサヨ
三　さざん花をよくる白雪かくれ宿　孝子
四　逢ふ瀬も久に交すまなかひ　秀慈
五　恋の文手づから衣《きぬ》とともにやり　吉文
六　袖をぬらしてただ待ちわぶる　（竹）淳
七　虫の音も絶ゆる事なく聞えきて　孝子
八　奈良の都を照らす望月　夕月
九　み仏に祈り捧ぐる露の苑　（黒）淳
十　いにしへ人のおもかげめぐる　（竹）淳
十一　常のなき憂き世もこの身捨てやらず　吉文
十二　篁霞む奥の細道　孝子
十三　しだれ咲く花の帷《とばり》の重なれり　ヒサヨ
十四　蔀《しとみ》戸越しに囀りの声　秀慈

（名残折表）

一　ゆづられし古き雛《ひひな》のすまし顔　孝子
二　主《ぬし》はいづこかただ独り呑む　（竹）淳
三　間遠なる君の訪ひ来る夢を見て　吉文
四　錦の袖の秘め事に揺れ　夕月
五　天駆《あま》くるいかづちの音荒々し　孝子
六　蝉にせかされ汗かはきゆく　（竹）淳
七　もののけの立ちあらはれし枕元　吉文
八　香《かう》匂ひくる御簾のひと影　秀慈
九　墨染めの衣にかかる雪時雨　孝子
十　凍てたる海に語りかけつつ　（黒）淳
十一　寒空につきささりたる月の牙　（竹）淳
十二　はるけき嶺に雲のたなびく　夕月
十三　国内《くぬち》みなはらからならむ手をつなぎ　秀慈
十四　産土神に守られてをり　ヒサヨ

（名残折裏）

一　色づける黄葉《もみぢ》の庭に笛吹きて　吉文
二　友と旅立つさやけき朝《あした》　夕月
三　公達の駒と越えゆく秋の野辺　孝子
四　矢立を持てば歌の種々《くさぐさ》　秀慈
五　のどかなる山の煙に足をとめ　ヒサヨ
六　東風やはらかく村は静けし　（黒）淳
七　集へかし学び舎はいま花満つる　（竹）淳
八　春の匂ひの漂へる頃　吉文

（句上）

黒岩　淳　四　髙木秀慈　六
宇梶ヒサヨ　五　竹内　淳　八
島林夕月　六　大久保孝子　八
永田吉文　七

第七節　北九連歌会――高校教員で巻いた連歌――

一　第一回（平成二十五年）

平成二十五年十月五日（土）、小倉リーセントホテル常盤の間で午前九時に連歌会が始まった。今回の参加者は七人。久家氏が課外授業で遅れるということだったので、六人で始める。久家氏と私以外は初めての連歌会ということであった。

川口氏のお土産「博多通りもん」やポテトチップなどのお菓子をつまみながら、また、とりとめない雑談をしながら、順調に進んだ。十一時前には久家氏も到着。初折表十一まで詠んだところで、十二時の昼食時間となった。座を一階のレストランに移し、和食を堪能。十三時前に再開した。十五時満尾を目指したが、名残表十三で終了時間となってしまった。残りの十句は宿題とし、メールやファックスを使ってつなげ、完成させた。

世吉形式四十四句の作品を掲げ、解説を試みたい。

第１回　北九連歌会

第一回の国語教員による連歌会。とりあえず、名称を「北九連歌会」としておく。毎年続けることで、連歌の輪を広げ、さらなる充実を目指したい。

平成二十五年十月五日（土）

小倉リーセントホテル　常盤の間

賦何田連歌

（初折表）

一　秋雨にうるほふ城や豊《とよ》の国　淳
二　ぬれて佇む白萩の花　仁美
三　もみぢ葉の移ろふもとに歩み来て　恵介
四　野分のきざし人や知るらん　靖一郎
五　軒下にきりぎりす鳴く母の家　綾子
六　かすかに聞こゆ川のせせらぎ　雅浩
七　山際に腰を据えたる朧月　恵介
八　眠たげに咲く鼓草なり　綾子

（初折裏）

一　一筋につづける道はのどかにて　淳
二　はるかに見ゆる夏空の雲　仁美
三　さみだれの地に染みゆきて球児駆く　恵介
四　思ひ秘めつつ君送り出す　靖一郎
五　いにしへの恋もありしか魂《たま》迎へ　綾子
六　名残を惜しむ有明の月　雅浩
七　迷ひ来て竜胆《りんだう》咲ける山の径《みち》　恵介
八　秋遍路なる篠栗の里　綾子
九　川の辺に童《わらは》はともに遊びけり　康彦
十　こけつまろびついとけなき顔　仁美
十一　かろがろと蝶空高く飛びゆきて　淳
十二　卒業式の朝を迎へり　綾子
十三　鐘ひびき舞ひ散る花を書《ふみ》に閉づ　恵介
十四　窓の外には山笑ひたる　康彦

（名残折表）

一　春田打ち今年の仕事始まりぬ　仁美
二　なれたる袖に汗ぬぐひつつ　靖一郎
三　片恋を忘るるために旅ゆかん　綾子
四　出で湯に入りてひとりかも寝む　仁美
五　雪見酒語りかけては枯れ尾花　靖一郎
六　揺れてゐるのは地震《なゐ》にあらずや　綾子
七　おはしませ宮を遷りし伊勢の神　淳
八　民《たみ》なごやかに餅を楽しむ　康彦
九　たましきの都に五輪《ごりん》開かるる　雅浩
十　聖火《せいくわ》を持ちて誇らしげなり　綾子
十一　いわし雲朱《あけ》に染むまで友と駆け　恵介
十二　丘に吹きくる風のさやけし　淳
十三　虫の音も止みてひそかに月の雨　仁美
十四　ながめも晴れぬわが涙なり　雅浩

（名残折裏）

一　さびしさを抱えて歩む冬の浜　康彦
二　寄せては返す波の冷たし　淳
三　しののめの光りを通し氷垂る　仁美
四　声放ちつつ犬追ふ童《わらべ》　恵介
五　猫出でて簾《すだれ》抑ふる人もなし　靖一郎
六　白酒交はす蹴鞠の宴　綾子
七　杯にひとひら添へて花朧《おぼろ》　雅浩
八　水面《みなも》しづかに渡れ春風　康彦

（句上）

黒岩　淳　六　川口仁美　七
江﨑恵介　七　小野靖一郎　五
三浦綾子　九　森林雅浩　五
久家康彦　五

賦物について

今回の連歌作品は「賦何田連歌」と題した。「何田」を「賦物」という。賦物とは、もともとは、各句の中に「物」の名を「賦《くば》」り詠み込むことを意味したが、のちに、発句だけに関係するようになる。今回も、発句だけを考えて決定した。発句にある「秋」という語を「何」に当てはめると「秋田」という熟語になる。

句の解説

連歌の作者は、前句を生かしながら、句を付けることで新たな世界を展開していかなければならない。打越の世界に戻ってはならないのである。句を付け終えた作者は、次にどのような句が付くのか、どのように展開するのか楽しみながら待つことになる。

連歌作品を鑑賞する際は、句が付くことにより、二句を合わせてどのような世界が描かれることになったか、また、どのように展開したかを、十分味わいたい。なお、参考のため、部立に関する句材も掲載しておく。

〈初折表〉

発句　秋雨にうるほふ城や豊《とよ》の国　　淳秋

発句は、その興行の季節を詠むことになっており、なるべくその詠む場所を明らかに示しうるように詠むのが良いとされる。

季節は秋。あいにく雨が降っていたので、「秋雨」を詠み込むことにした。発句には、切字も必要である。この句では、「や」が切字。会場の小倉リーセ

第１回　北九連歌会　連衆

ントホテルは、小倉城のすぐ横に位置しており、小倉は豊前の国なので、「豊の国」とした。「うるほふ」とすることで、祝意を込めた。降物・居所・名所。

脇句　ぬれて佇《たたず》む白萩の花　　仁美　秋

脇句は、体言止めとし、発句と同季の句にする必要がある。「白萩」が秋の季語。発句と合わせると、城の片隅であろうか、雨に濡れた清楚な白萩がすっくと立っている様子が想像できる。植物。

三　もみぢ葉の移ろふもとに歩み来て　　恵介　秋

第三句は、「て止め」が多く、「らん止め」もある。山田孝雄の『連歌概説』（岩波書店・一九三七年）には、「抑も連歌は調和と変化とを以て生命とす。その調和のはじめは脇句にして、変化のはじめは第三なり。しかも調和と変化とを兼ね具ふるもののはじめは実にこの第三にあり」とある。秋の句は、三句〜五句続けるという式目があるので、第三句も秋の句を詠む必要がある。「もみぢ葉」が秋の季語。色づいた紅葉に近寄ると、白萩がひっそりと咲いているのが目に入ったという付け。植物。

四　野分のきざし人や知るらん　　靖一郎　秋

もみぢ葉のうつろう様子を野分の兆しとした。野分は、秋の疾風。それを人も気づいているだろうかと疑問の形で表現。人倫。

五　軒下にきりぎりす鳴く母の家　　綾子　秋

母の家の軒下できりぎりすが鳴いている。それが野分の兆しと感じさせる。きりぎりすが秋の季語。動物・人倫・居所。

六　かすかに聞こゆ川のせせらぎ　　雅浩　雑

軒下ではきりぎりすの声が聞こえているが、川のせせらぎもかすかに聞こえる。異なる音の重なりが面白い。水辺。

七　山際に腰を据えたる朧月　　恵介　春

川のせせらぎを聞きながら空を見上げると、山際に朧月が見える。霞んでいながらも、どっしりと腰を据えたような存在感のある月である。朧月は、春の季語。春の句も、秋の句と同じように、三句〜五句続ける必要がある。山類・時分・光物。

八　眠たげに咲く鼓草なり　　綾子　春

鼓草は、タンポポの別名で春の季語である。山際の朧月という遠景に鼓草の映えている近景を配した。朧であるさまが、眠たげな様子と響きあう感じがする。植物。

（初折裏）

一　一筋につづける道はのどかにて　　淳　春

「のどか」が春の季語。一本の道が遠くに続いており、その道端に鼓草が咲いている情景。夜から昼の景色へと転じた。のどけさが「眠たげ」に通じる。

二　はるかに見ゆる夏空の雲　　仁美　夏

一本道はずっと遠くまで続いており、青空が広がり、夏の入道雲が出ている情景。春から夏へ季移りした。夏の句は、一句だけでもよいが、三句まで続けることができる。聳物。

三　さみだれの地に染みゆきて球児駆く　　恵介　夏

「五月雨」は夏の季語。初折表七に「月」があり、同じ字を使わないようにするため、あえて平仮名書きにした。雨は、地面に染み込んでゆき、グランドは野球ができる状態になった。球児は、力いっぱい駆けてゆく。降物・人倫。

四　思ひ秘めつつ君送り出す　　靖一郎　雑

恋の句。「思ひ」「君」が恋の言葉。球児である青年への恋心を秘めながら、「がんばって」と試合に送り出すのは、マネージャーだろうか。若者の恋ですな。人倫・恋。

五　いにしへの恋もありしか魂《たま》迎へ　　綾子　秋

「魂迎へ」は、陰暦七月十三日の夜、門辺に迎火を焚き精霊を迎えることで、秋の季語である。思いを秘めながら君を送り出したことを、昔の恋の思い出とした。亡くなった人を偲んでいることになる。恋・述懐。

六　名残を惜しむ有明の月　　　　　雅浩　秋

一晩中、送り火を焚いて過ごし、夜も明けてゆく。有明の月も名残を惜しむかのように出ているが、その月を見上げている人は、亡き人をずっと思い続けているのであろう。時分・光物。

七　迷ひ来て竜胆《りんだう》咲ける山の径《みち》　　　　　恵介　秋

山の中で迷ってしまい、竜胆の咲いている小道を一晩中たどっていると、夜も明けたという状況。竜胆が秋の季語。植物・山類。

八　秋遍路なる篠栗《ささぐり》の里　　　　　綾子　秋

竜胆が咲いている道は、秋遍路の道であった。遍路は春の季語だが、秋遍路となると秋の季語である。遍路は、弘法大師が巡錫された阿波・土佐・伊予などの札所八十八箇寺の霊場を巡拝すること。

福岡県の糟屋郡篠栗町に広がる景勝地にも八十八カ所の札所があり、そこは、南蔵院を総本寺とする篠栗霊場とも言われている。弘法大師（空海）が修行した土地に、一八三五年、尼僧慈忍が四国のそれを模した八十八カ所の創設を発願したのが始まりとされている。居所・名所。

九　川の辺に童《わらは》はともに遊びけり　　　　康彦　雑
篠栗の里では、川辺で童が遊んでいる。巡礼者もしばし休みながら、里の子どもと戯れているのであろう。人倫・水辺。

十　こけつまろびついとけなき顔　　　　仁美　雑
川の辺で遊んでいる子どもたちをじっと眺めていると、こけたり転んだりして楽しんでおり、その顔はいかにも幼く、あどけない表情であった。

十一　かろがろと蝶空高く飛びゆきて　　　　淳　春
蝶が空高く飛んでいくのを追いかけて、子どもがこけたり転んだりしているという情景に転じた。蝶が春の季語。動物。

十二　卒業式の朝を迎へり　　　　綾子　春
卒業式の朝の景色へと変わった。卒業を祝福するかのように、蝶は空高く飛んでいく。時分。

十三　鐘ひびき舞ひ散る花を書《ふみ》に閉づ　　　　恵介　春
卒業式の朝、校舎の鐘が響いている。今日で卒業という格別な思いを、生徒も親も教師も抱く、特別な日である。桜の花びらが舞っており、それを本に挟むのは、記念にするつもりなのだろう。

十四　窓の外には山笑ひたる　　康彦　春
家の中で本を読んでいたら、桜の花びらが入ってきて、それを本に挟んだという様子が想像できる。窓の外には、明るい春めいた山が見えている。「山笑ふ」が春の季語。北宋の山水画家、郭熙《かくき》の言葉「春山淡冶にして笑ふがごとく、夏山蒼翠にして滴るがごとく、秋山明浄にして粧ふがごとく、冬山惨淡として眠るがごとし」に拠るとされている。山類。

（名残折表）

一　春田打ち今年の仕事始まりぬ　　仁美　春
「春田打つ」とは、田植えに備えて、鋤で田を打ち返すこと。窓の外には、春山が見えるが、目を下に移すと春田を打っている人が見える。

二　なれたる袖に汗ぬぐひつつ　　靖一郎　夏
「なる」には、衣服がよれよれになるという意の「萎る」と慣れる意の「慣る」があり、掛詞ととると、よれよれの慣れた袖で一生懸命に田打ちの仕事をしている姿が浮かぶ。「汗」を夏の季語ととり、季移りとした。衣類。

三　片恋を忘るるために旅ゆかん　　綾子　雑
恋の句。片恋は、片思い。汗をぬぐいながら、恋しい人を忘れようと思って旅に出ていこうとしている。汗には、涙も混じっているかもしれない。恋・旅。

四　出で湯に入りてひとりかも寝む　　仁美　雑

恋を諦めるため、旅をして温泉に入って、一人で寝ようかとさびしく思っている。「ひとり寝」が恋の言葉。温泉が癒してくるといいのだが。水辺・恋。

五　雪見酒語りかけては枯れ尾花　　靖一郎　冬

露天風呂だろうか。雪を見ながら酒を飲み、酔っぱらって隣の人に語りかけると枯れ尾花であった。「幽霊の正体見たり枯れ尾花」の句を連想させる句で、この句が出された時、座は大いに盛り上がった。植物・降物。

六　揺れてゐるのは地震《なゐ》にあらずや　　綾子　雑

枯れ尾花が揺れて見えるのは、酒の酔いのためであろうか、それとも地震のためであろうか。

七　おはしませ宮を遷りし伊勢の神　　淳　雑

地震の恐怖におののきながら、伊勢の神の助けを求めている。平成二十五年は、伊勢神宮式年遷宮の年であった。神祇・名所。

八　民《たみ》なごやかに餅を楽しむ　　康彦　雑

伊勢神宮の前のおかげ横丁の風景だろうか。伊勢と言えば、赤福。参詣したあとの楽しみでもある。人倫。

九　たましきの都に五輪《ごりん》開かるる　　　　　　　　雅浩　雑

平成二十五年九月七日、ブエノスアイレスで開催されたＩＯＣ総会で、二〇二〇年東京でオリンピックが開催されることが決定。餅を食べながら和やかにオリンピックを観戦している様子だろう。

十　聖火《せいくわ》を持ちて誇らしげなり　　　　　　　　綾子　雑

オリンピックの開催に向け、誇らしげに聖火ランナーが走っている句。晴れやかな選手たちの表情も想像できる。

十一　いわし雲朱《あけ》に染むまで友と駆け　　　　　　恵介　秋

いわし雲が秋の季語。青空に点々と、小さな斑点や白い波紋を見せる雲。うろこ雲、さば雲とも言う。この雲が出るとイワシが大漁になるので名付けたという俗説もある。その鰯雲が夕日で朱くなるまで友と駆けた昔のことを思い出しながら、今は聖火ランナーとなって走っているのであろう。聳物・人倫。

十二　丘に吹きくる風のさやけし　　　　　　　　淳　秋

夕方、友と一緒に走り、丘を駆け登ると爽やかな風が心地よく感じられたという句。「さやけし」が秋の季語・山類。

十三　虫の音も止みてひそかに月の雨　　　　　　仁美　秋

「月の雨」とは、中秋の名月が雨のために眺められないこと。打越の十一が空の様子を詠んでいるため、天空の月を詠まず「雨月」を詠んでいる。虫の音を聞きながら月の出を待っていると、雨が振り出した。雨と言っても、ひそやかな雨で、吹いてくる風もさわやかな感じがして心地よい。動物・光物・時分・降物。

十四　ながめも晴れぬわが涙なり　　雅浩　雑

「ながめ」が「長雨」と「眺め」の掛詞。雨が降り続き、月が見えず、景色もよく見えない。もの思いにふけって、鬱屈した気持ちも晴れず、涙が出てくる。

〈名残折裏〉

一　さびしさを抱へて歩む冬の浜　　康彦　冬

寂しさを胸に抱え、涙をこぼしながら冬の浜辺を歩いている。涙にくれて、景色も見えないのであろう。水辺。

二　寄せては返す波の冷たし　　淳　冬

冬の海辺に寄せては返す波は、いかにも冷たそうである。寂しさを感じているから、なおさらそのように感じられるに違いない。水辺。

三　しののめの光りを通し氷垂る　　仁美　冬

夜明け方、茜色に空がそまる頃、その朝日が氷柱《つらら》にあたり光っている様子。氷柱があるのは、浜辺近くの苫屋であろうか、波も冷たく見える。連歌学書『産衣』の「氷柱」の項に「垂氷《タルヒ》ハ水辺ニ非ず」とあるので、水辺にとらないことにした。時分。

四　声放ちつつ犬追ふ童《わらべ》　惠介　雑

氷柱が光っているその横では、はしゃぎ声をあげながら、子どもが犬を追っている。寒さを物ともしない元気な子どもが目に浮かぶ。動物・人倫。

五　猫出でて簾《すだれ》抑ふる人もなし　靖一郎　雑

犬や子どもの声に驚いたのか、猫が部屋から出ていった。簾を抑える人もいないので、部屋の中が露わとなる。源氏物語の若菜の巻、柏木が女三宮を見て思いを募らせる場面が想起される。動物・居所・人倫。

六　白酒交はす蹴鞠の宴　綾子　春

白酒が春の季語。蹴鞠の後、白酒を飲み交わしながら興じていると、猫が出て行って、簾が巻き上げられた。源氏物語の例の場面で、柏木は女三宮を見たとき、夕霧たちと蹴鞠をしていたのであった。そのことを踏まえた付け。

七　杯にひとひら添へて花朧《おぼろ》　雅浩　春

花の定座。白酒の盃に花びらが一枚浮かんでいる。蹴鞠の宴は外で行われていたのであった。連歌で花といえば桜の花。花が朧に霞んで見えるのは、酔いが回ってきたことにもよるか。植物。

八　水面《みなも》しづかに渡れ春風　康彦　春

挙句。酒を飲みながら眺めているのは湖の様子であろうか。花が散らないように、春風よ、水面を静かに渡れと呼びかけている。水辺。

二　第二回（平成二十六年）

平成二十六年十一月十六日（日）、若松生涯学習センター第一和室で午前九時に連歌会が始まった。今回の参加者は四人。北九州地区の先生方を中心に参加を呼び掛けたが、昨年の七人より少ない人数での連歌会となった。（参加したかったが、どうしても別の用事で参加できない、来年はぜひ参加したいという声も多数あったことを付記しておく。）

句が出されるまでは、雑談で盛り上がることもある。静かに時が過ぎることもある。充実した時間が流れると言って良いだろう。

午後四時、今年は予定通り終了。今回も世吉形式四十四句の作品を掲げ、解説を試みたい。

第２回　北九連歌会

平成二十六年十一月十六日（日）

若松生涯学習センター

第一和室

賦初何連歌

（初折表）

一　今日もまたしぐれぬ空や洞《くき》の海　淳

二　都鳥のせ渡る舟人　綾子

三　白波の寄する真砂路《まさこぢ》歩みきて　康彦

四　あすはいづこに風や流るる　靖一郎

五　聳え立つ峰を越え行き草枕　綾子

六　紅葉色濃く雲一つなし　淳

七　月さやか家へと急ぐ足とどめ　靖一郎

八　虫の声にぞ耳傾くる　康彦

（初折裏）

一　懐に猫を抱きて竹の春　綾子

二　髭もそよろかまなこを閉ぢぬ　靖一郎

三　筒井筒妹《いも》の唇近づきて　綾子

四　恋の行方ぞいかになるべき　康彦

五　忍ばんとすれど辛さに耐へきれず　淳

六　背負ひて逃げつ鬼の居ぬ間に　靖一郎

七　大江山神の助けもあらばこそ　綾子

八　文《ふみ》を見ずとも歌は詠むべし　淳

九　努むれどしきしまの道奥深き　康彦

十　朧月夜に琴の音ひびく　綾子

十一　空と海はざま無きにや春霞　靖一郎

十二　里にはひとり麦を踏む人　康彦

十三　思ひ出すこともなきまま花咲けり　綾子

十四　ただひたすらに時の過ぎ行く　康彦

（名残折表）

一　頬杖を突きて小言を聞きすごし　綾子
二　起きそびれたり朝の勤めに　靖一郎
三　深酒におぼれしままの新枕《にひまくら》　淳
四　乱れ髪にて送り出せずに　綾子
五　若武者のあはれ稽古に手を負ひぬ　康彦
六　駒やすらへば不如帰《ほととぎす》鳴く　淳
七　欲しいまま谺聞こゆる肝試し　靖一郎
八　天狗出で来よ英彦《ひこ》の細道　淳
九　かの人の自慢の鼻をへし折らむ　綾子
十　釣りし鮟鱇大きを見せて　靖一郎
十一　月影の冴えて水面《みなも》を照らしたる　康彦
十二　雪降りやみし庭の静けさ　淳
十三　なもなもと合はす我が子の小さき手　綾子
十四　秋のみ空に鐘はひびけり　康彦

（名残折裏）

一　そぞろ寒《さむ》何を舞ふやら鈴の音　靖一郎
二　人まつ虫の鳴き声遠く　綾子
三　峠には小萩ひとむら揺れてをり　淳
四　道半ばなりしばし憩はむ　康彦
五　休めとて後より来たるをのこあり　靖一郎
六　古《ふ》りゆく雛の衣の重き　綾子
七　手に取れば散るべき花や遅桜　靖一郎
八　世をばあまねくつつむ春の陽　康彦

（句上）

黒岩　淳　九
三浦綾子　十三
小野靖一郎　十一
久家康彦　十一

賦物について

今回の連歌作品は「賦初何連歌」と題した。発句にある「空」という語を「何」のところに当てはめると「初空」という語句が成り立つ。

（初折表）

発句　今日もまたしぐれぬ空や洞《くき》の海　　淳　冬

今回の会場は若松。室町時代の連歌師宗祇は、文明十二（一四八〇）年九月、門司から太宰府、博多、宗像、芦屋と風流の旅を続ける道すがら、若松に立ち寄る。その時のことを、「筑紫《つくし》道記《みちのき》」に次のように記している。

　移り行て、筑前国若松の浦といふに着《つき》ぬ。この所を知《しる》人麻生の某《なにがし》兄弟、ある寺に迎へとりぬ。片山かけて植木高き陰より、内外《うちと》の海を見るに、塩屋の煙暮《くれ》渡り、入日かげに移《うつろ》ふほど、また言ふかたなし。この二人は将軍家奉公の人に侍れば、都の物語細《こま》やかにして、色々の肴求め出《いで》たるほど、小余綾《こよろぎ》のいそがはしきも思ひやられ、盃重《かさ》なり、さし更《ふく》る月の光もたゞならず。今夜は十三夜なればとて、発句を

　名や思ふこよひしぐれぬ秋の月

（『新日本古典文学大系　中世日記紀行集』）

第２回　北九連歌会　連衆

「後の名月という名を思っているからだろうか、九月十三夜の月が、今夜はしぐれることなく冴え渡っているのは」という意味の句を、宗祇は詠んでいるのである。

今回の北九連歌会が開かれた日は、冬とはいえ、天気はよく、それほど寒さも感じられなかった。会場から南へ歩いて二、三分もすれば、洞海湾に面した岸に出る。洞海湾は古名を「洞《くき》の海」という。そこで、その言葉を使い、宗祇が来た折と同じように今日もまたしぐれることはなく、その縁ある場所で、連歌を巻くことができることだと、喜ぶ気持ちを込めて詠んでみた。発句は挨拶句でもあるので、祝意も込めたつもりである。降物・水辺・名所。

若松の高塔山登山道入口
佐藤公園内にある宗祇句碑

脇句　都鳥のせ渡る舟人　　綾子　冬

脇句は発句と同じ季節の句で体言止めにすることになっている。「都鳥」が冬の季語。「伊勢物語」東下りの場面でよく知られている鳥である。嘴と足が赤いのが特徴で、ユリカモメと言われる。博多ではしばしば見られると康彦氏の教示あり。都鳥をのせたまま舟で洞海湾を渡っている情景となった。動物・水辺。

三　白波の寄する真砂《まさご》路《ぢ》歩みきて　　康彦　雑

第三句は、「て止め」が多く、「らん止め」もある。白波が寄せ来る浜を歩いてきて舟に乗って渡ったと、動作の動きと時間の経過が詠まれたことになる。水辺三句目である。水辺に属する言葉は、「体」と「用」に分けられる。体↓用↓体または、用↓体↓用となってはならない。発句から確認すると、「海」（体）↓「舟」（体用他）↓「波」（用）となっているので、認められる。

四　あすはいづこに風や流るる　　靖一郎　雑

渚を歩いていると風が吹いてきた。明日、風はどこへ向かって吹いていくのか。風を感じながら明日のことを考えている様子が想像される。

五　聳え立つ峰を越え行き草枕　　綾子　雑

聳え立っている峰を越えて行き、明日はどこへ行くことになるのかと、さすらう旅の句となった。「あすはいづこに」が風のことにも自分のことにもあてはまる。山類・旅・植物。

六　紅葉色濃く雲一つなし　　淳　秋

聳え立つ峰は、今まさに紅葉に彩られている。雲一つない青空も広がり、旅ゆく足取りも軽くなってくる。紅葉が秋の季語。秋の句は三～五句続けることになっている。植物・聳物。

七　月さやか家へと急ぐ足とどめ　　靖一郎　秋

雲もなく月が明るく紅葉を照らしている。家路を急いでいたが、思わず立ち止まり、見とれてしまった。「月」で秋。時分・光物・居所。

八　虫の声にぞ耳傾くる　　康彦　秋
足をとどめて、虫の声を聞いている。月の光を浴び、ひときわ美しい声で鳴いているのであろう。「虫」で秋。動物。

（初折裏）

一　懐に猫を抱きて竹の春　　綾子　秋
「竹の春」とは、若竹が生長し、新葉の盛りになるところから陰暦八月の異称となったとのこと。秋の季語である。ちなみに「竹の秋」とは、竹の葉が黄ばんでくる陰暦三月の異称で春の季語。植物《うえもの》の木と木は五句去りだが、木と竹は二句去り。猫を抱きながら、竹藪の近くで虫の声を聞いている情景だろうか。寒さを感じる季節となり、猫のぬくもりが心地よかったのかも。動物・植物。

二　髭もそよろかまなこを閉ぢぬ　　靖一郎　秋
髭もそよろと動く猫は、懐に抱かれたまま目を閉じた。猫も気持ちがいいのであろう。本歌は、長塚節の「馬追虫《うまおひ》の髭もそよろに来る秋はまなこを閉ぢて想ひ見るべし」。

三　筒井筒妹《いも》の唇近づきて　　綾子　雑
恋の句へと大きく展開。発句から初折裏二までの十句は、穏やかに景の句を中心に詠むことになっている。初折裏三句目から、恋や釈教、神祇、名所など自由に詠むことができる。井戸の側で恋人が唇を近づけてきた。伸ばしている髭が気になりながらも、ひとみを閉じて応じようとしている。猫の髭から男の髭へと意味が変わっていったところも面白い。「筒井筒」は、「筒状の井戸の囲い」。皆さんご存じ「伊勢物語」の「筒井筒井筒にかけしまろがたけ過ぎにけらしな妹見ざるまに」を踏まえているので、幼馴染の恋人とも思われる。恋・人倫。

四　恋の行方ぞいかになるべき　　康彦　雑
接吻に至った後、二人の恋はどうなっていくのか。順調に進んでいくのか、波乱となるのか。恋。

五　忍ばんとすれど辛さに耐へきれず　　淳　雑
忍ぶ恋。公にできない恋と知りつつ、しかし、一人でいることの辛さを我慢することができず、大胆な行動に出てしまいそうになる。どうなっていくのだろうと不安は高まるばかり。恋。

六　背負ひて逃げつ鬼の居ぬ間に　　靖一郎　雑
鬼は、千句に一句しか詠めない句材。『産衣』に「千句ニ一也」とある。恋人を背負って逃げるといえば、「伊勢物語」の芥川の場面が思い出される。許されぬ恋であれば、奪っていくしかない。鬼は、本物と考えてもいいが、恋を邪魔する存在の比喩とも考えられる。

七　大江山神の助けもあらばこそ　　綾子　雑
大江山にいたと伝承される鬼は、酒呑童子《しゅてんどうじ》。平安時代の京都付近で暴れまわったとされる日本史上最大最強の鬼である。その大江山で神の助けがあったなら、こんなに苦労しないで酒呑童子からたやすく逃げられるのに。名所・山類・神祇。

八　文《ふみ》を見ずとも歌は詠むべし　　淳　雑

大江山から小式部内侍の話を連想。「十訓抄」によると、小式部内侍が歌合の詠み手になった時に、藤原定頼から、「丹後へ遣はしける人は参りたりや。いかにこころもとなくおはすらん」と意地悪なことを言われる。母親の和泉式部が丹後にいたので、代作を頼んでいるのではないかというからかいである。しかし小式部内侍は「大江山いくのの道の遠ければまだふみも見ず天の橋立」と歌を詠んで実力を示し、定頼をやり込めるという話。前句と合わせると、大江山の神の助けがあったならば、手紙を見なくても歌は詠むことができるであろうという意味になる。

九　努むれどしきしまの道奥深き　　康彦　雑

敷島《しきしま》の道とは、「和歌の道」。文は、この場合、和歌の書物のことだろう。努力を重ねるが、和歌の道は奥が深く、なかなか上達しない。参考書などに頼らず、まずは自分の力で歌を詠めということだろうか。

十　朧月夜に琴の音ひびく　　綾子　春

朧月を見上げていると琴の音が聞こえてきた。実に風情がある。この趣深い状況を歌に詠もうと努力するが、なかなかうまく詠めない。光物・夜分。

十一　空と海はざま無きにや春霞　　靖一郎　春

空と海の間というものはないのだろうか、一面を春霞が覆っていて、ぼんやりした月は出ているものの、どこからが空で、どこからが海か区別が付かない。潮騒もわずかに聞こえているかもしれない。身近なところからは、琴の音が聞こえてくる。水辺・聳物。

十二　里にはひとり麦を踏む人　　　康彦　春

あたり一面を春霞がかかっているが、里には、ひとり麦を踏む人がいるのが見える。「麦踏み」とは、冬の寒さに耐えて芽を出した麦を踏みつける行為。そうすることで茎葉の生長を一時的に抑え、根の発育を促すという。居所・人倫。

十三　思ひ出すこともなきまま花咲けり　　　綾子　春

里でひとり、もくもくと麦踏みをしているが、そのことを思い出すこともなく、ひっそりと桜の花が咲いている。植物。

十四　ただひたすらに時の過ぎ行く　　　康彦　雑

今年また花が咲いた。昨年も同じように咲いていたのだろう。いろいろあったはずだが、思い出すこともない。ただ時が過ぎて行く。

（名残折表）

一　頬杖を突きて小言を聞きすごし　　綾子　雑

小言を言われているのだが、まともに聞く気はない。頬杖をついて、内心早く終わらないかなあと思っている様子。小言を言う方は一生懸命話しているつもりでも、ただ時が過ぎ行くのを待つだけなのである。

二　起きそびれたり朝の勤めに　　靖一郎　雑

早く寝なさいという小言だったのだろうか、聞き流していたこともあり、朝寝坊をしてしまった。仕事に遅刻しそう。時分（朝）。

三　深酒におぼれしままの新枕《にひまくら》　　淳　雑

前夜、酒を深く飲んで酔っ払ったまま、初めて関係をもってしまった。そしてそのまま眠ってしまい、寝過ごしてしまった。この句を詠みあげると、座では「サイテー」という声があがった。恋。

四　乱れ髪にて送り出せずに　　綾子　雑

初めての共寝というのに、酒を飲みすぎて酔いつぶれ、彼が帰るというのに、乱れた髪を整えることもできず、送り出せなかった。後悔しても後の祭り。恋。

五　若武者のあはれ稽古に手を負ひぬ　　康彦　雑

乱れ髪は、武者の髪となった。若武者が稽古をしているときに、傷を負い、髪は乱れたまま、仲間の武者を送り出すこともできずにいる。人倫。

六　駒やすらへば不如帰《ほととぎす》鳴く　　淳　夏

若武者が傷を負ったため、馬からおりて暫し休憩。馬も休息していると、不如帰が鳴いた。ホトトギスの表記は、「時鳥」「杜鵑」「子規」等、いろいろあるが、この句では、「帰るに如かず」という字を当てたい。動物。

七　欲しいまま谺聞こゆる肝試し　　靖一郎　夏

杉田久女《ひさじょ》「谺して山ほととぎす欲しいまま」を踏まえる。しかし、肝試しである。ほととぎすの声も不気味に聞こえてくるのである。

八　天狗出で来よ英彦《ひこ》の細道　　淳　雑

久女が「谺して」の句を詠んだのは、英彦山《ひこさん》。この句碑が英彦山神宮の近くにある。肝試しなので、天狗も出て来いと呼びかけた。最初は、「山伏」を詠もうとしたが、『産衣』に「山伏……釈教也。人倫也。夜分也。山類也。旅也」とあり、ここで「夜分」を詠むとあとの「月」に障りそうなので変更した次第。名所。

九　かの人の自慢の鼻をへし折らむ　　綾子　雑

天狗と言えば高い鼻。その自慢の鼻をへし折ろうという勇ましい句。人倫。

十　釣りし鮟鱇大きを見せて　　　　　　　　　靖一郎　冬
　釣り上げた大きな鮟鱇を見せて、例の釣り自慢の面目を失わせようと意気込んでいる様子。「鼻を折る」を「得意になっている面目を失わす」という意味に取りなした。「鮟鱇」は冬の季語。鮟鱇は、一メートル以上の大物がいるとか、鮟鱇鍋は高級だとか、「鮟鱇の骨まで凍ててぶちきらる」という加藤楸邨の句が有名だとか、いろいろ話題が出て座が盛り上がった。動物・水辺。

十一　月影の冴えて水面《みなも》を照らしたる　　　　　　康彦　冬
　釣り船の上の様子だろうか。水面を照らしている月の光は、釣り上げた大きな鮟鱇も照らしているはずだ。「月冴ゆる」で冬。光物・時分・水辺。

十二　雪降りやみし庭の静けさ　　　　　　　　淳　冬
　水面を、海ではなく池とした。雪が降り止んだあと、月が照らしている庭の静かな雰囲気を詠もうと考えた。降物・居所。

十三　なもなもと合はす我が子の小さき手　　　綾子　雑
　雪の積もった静かな庭を前にして、わが子が手を合わせてなもなもと唱えている。「なもなも」は「南無南無」の訛りであろう。子どもながらに荘厳なものを感じたのであろうか。人倫。

十四　秋のみ空に鐘はひびけり　　　　　　　　康彦　秋

鐘はお寺の鐘であろう。思わず手を合わせてしまう我が子のいじらしさ。晴れ渡った空が想像される。

（名残裏）

一　そぞろ寒《さむ》何を舞ふやら鈴の音　　靖一郎　秋

なんとなく寒さを感じる中、何の舞をまっているのか、よくわからないが、鈴の音が聞こえてくる。それに合わせるかのように鐘の音も響いている。今回の連歌会は、和室で行ったのだが、隣の部屋では、舞の練習をしているらしく、その音楽が聞こえてきたのであった。それを即座に詠み込んだと思われる。

二　人まつ虫の鳴き声遠く　　綾子　秋

鈴の音を聞いていたら、私を待っているかのような松虫の声も遠くに聞こえてきた。「人まつ虫」と言えば、「秋の野に人まつ虫の声すなり我かとゆきていざとぶらはむ」（詠み人知らず・古今集）の歌にあるように、「人を待つ」と「松虫」の掛詞である。動物（虫）。

三　峠には小萩ひとむら揺れてをり　　淳　秋

場所を人里から峠に転じた。松虫の声がかすかに聞こえ、ひとかたまりの小萩が、揃って風に揺れている情景。山類・植物。

四　道半ばなりしばし憩はむ　　康彦　雑

やっと峠にたどり着いたが、まだ道半ば。しばし休憩しようと腰を下ろせば、小萩が揺れていた。

五　休めとて後より来たるをのこあり　　　　　靖一郎　雑

ひたすら山道を歩いていたら、後から一人の男が追い付いてきて、休んだらどうかと声をかけてきた。まだ先は長い。言葉に従って休むとしよう。人倫。

六　古《ふ》りゆく雛の衣の重き　　　　　綾子　春

雛人形を出す作業をしていると、時代を経て伝わってきた雛人形の衣の重さが手に伝わる。幼い頃を懐かしみながら、熱心に作業をしていると、背後から優しく声をかけてくれた男がいる。彼氏であろうか。衣類。

七　手に取れば散るべき花や遅桜　　　　　靖一郎　春

雛人形が、出しっぱなしになっていたのであろう。遅桜が咲く季節になっていた。手にとると散ってしまうような遅桜は、時を経て重みも感じられる雛人形と対照的である。植物。

八　世をばあまねくつつむ春の陽　　　　　康彦　春

頼りなげな遅桜が咲いているが、春の暖かい陽射しは、世の中全体をやさしくつつむように降り注いでいる。おだやかな雰囲気となり、余韻を感じさせつつ、めでたく満尾。述懐・光物。

第八節　山口祇園会奉納連歌会

一　第一回（平成二十六年）

平成二十六年七月二十日、山口ふるさと伝承総合センターみやび館で、山口祇園会奉納連歌会が開催された。午前十時に始めて午後五時前に巻き終え、近くの八坂神社に移動し奉納。明治初年以来途絶えていた山口祇園会奉納連歌が百五十年ぶりに復興したことになる。その連歌会に参加させていただいたので、報告したい。

山口祇園会の歴史

山口祇園会は、応安二（一三六九）年に大内弘世が京都より勧請した八坂神社の例祭で、室町中期に遡ると言われている。初日の旧暦六月七日から十三日にかかる毎夜、米屋町連歌堂において一晩につき百韻、合計七百韻の連歌が興行されたと『防長風土注進案13　山口宰判下』（山口県文書館編修・昭和三十五年）に記されている。

尾崎千佳氏によると、最終日の十四日には、七百韻を書き留めた懐紙を山口祇園社（現：八坂神社、山口市上竪小路）へ戻っていく神輿にかけて奉納

山口ふるさと伝承総合センター
みやび館

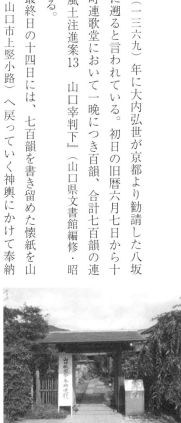

し、また藩主にも献上していたとのこと。祇園祭のほか、今八幡宮（山口市八幡馬場）、仁壁《にかべ》神社（山口市三宮）、今天神（現：古熊神社、山口市古熊）でも行事の際に連歌が興行、奉納されており、これらの連歌会では、宮司が連歌会を進行する宗匠を務めていたらしい。（おもしろ山口学「やまぐちと連歌」二〇〇八年・山口県広報広聴課）

連歌会の様子

山口ふるさと伝承総合センターみやび館は、大架構の民家である美祢邸を移築したもので、茶室もある大変趣き深い会場であった。山口連歌の会の方々のあたたかいもてなしを受けつつ、座に着く。

午前十時開始。宗匠は有川宜博氏。執筆は尾崎千佳氏。小短冊方式である。発句は小方基次氏の「言の葉のしげりみそなへ神慮《かみごころ》」。「言の葉の茂り」で「連歌が盛んになっていることをご覧下さい」と神に捧げていることを示している。脇は和子さんの「鷺舞《さぎ》ひ手向け闌《た》くる御祭」。山口の祇園祭では、「鷺舞」が奉納される。まさに祭たけなわといった感じである。第三句「遥けくも都につづく道ありて」は宗匠の句。山口は西の京と呼ばれるが、都に続く道は、実際の道と連歌の道との二重の意味があると思われる。

初折裏二、正紀さんの「苔むす庭の風のしづけさ」という句から、静謐な寺の庭を想像した。山口の庭で有名なのが「雪舟の庭」。大内政弘が別荘として、画僧雪舟に築庭させたものと伝えられ、現在国の史跡及び名勝に指定されている。その雪舟を思いながら、私は「名も高き僧も訪ひけむ寺ならし」と付けた。その句に、

第１回　山口祇園会奉納連歌会

光子さんは、「玉藻の前のきつね塚あり」と付けてくださった。「玉藻の前」とは、平安時代末期に鳥羽上皇に仕えた二尾あるいは九尾の狐が化けたという伝説上の絶世の美女。その狐塚のある寺を著名な僧が訪ねたという内容となり、大きく展開。物語が続くような感じがする。

初折裏六「待ちをりし文けふも届かず」という亮二さんの句に、「雪深み勿来の関もとざしてむ」という執筆の千佳先生の句が付く。「勿来《なこそ》の関」は歌枕で、西行も「東路や信夫の里にやすらひて勿来の関を越えぞわづらふ」（新勅撰和歌集）と詠んでいる。「なこそ」は、「来るな」という意味にもとれるので、恋を閉ざす意味として使いやすい歌枕でもある。その句に「猛き武士《もののふ》なすすべもなし」と付けてみたら採択された。深い雪のせいで、立ち尽くすしかない荒々しい武士を想像してみた。その私の句にあかりさんは「紫の色も褪せけり綾《あや》威《をどし》」と付けてくれた。褪せた威によって、年老いた老武者がイメージされる。

昼になり、句を付け終わった人から隣の部屋で食事。お弁当を頂く。山口大学の学生さんが、いろいろ世話をしてくださる。しばし休憩してまた座に戻る。

名残折表、純一さんの「庭草にすがる白露いとほしき」に「あきの来たるや君はつれなし」と付けると採択された。「あき」に「秋」と「飽き」の意を掛けている。白露が庭草にすがる様子と、恋人にすがりつこうとしている自分とがイメージ的に重なるような感じもしてくる。さらに、明子さんは、「後朝《きぬぎぬ》を片割月は眺めをり」と付けた。「片割月《かたわれづき》」とは、半分またはそれ以上欠けている月のこと。恋人に飽きられて一人になった状態と「片割れ」という言葉が響き合う。そして、主語は片割月で、その片割月が眺めているという句であり、

八坂神社

擬人法が使われている。視点が月にあるので、新鮮な感じがする。

第十一句「これなるは神ほぐ酒ぞあさず干せ」という宗匠の句に、和子さんは、「四方《よも》を経廻る乞食《こつじき》の旅」と句を付けた。連衆から山頭火だねという言葉が出る。文子さんは「凍る夜に庵結びて仮すまひ」と付ける。

第十四句亮二さんの、「湯田の湯煙かをりたつなり」という句。会場すぐ近くの湯田温泉を詠んでいる。その温泉街には中原中也記念館があり、その横の井上公園には、中原中也の詩碑がある。「帰郷」の一節「これが私の古里だ　さやかに風も吹いてゐる　あゝおまへは何をして来たのだと　吹き来る風が私にいふ」が刻まれている。その詩碑を連想した。そこで、「碑《いしぶみ》に寄りそふ萩のゆりゆれて」と付けた。

名残裏七、光子さんの花の句「どこまでも続く水辺の花の帯」に、執筆の千佳先生が「ふたたびおこす大内の春」と挙句を付けて無事満尾。時間は午後五時前になっていた。

八坂神社に移動し、拝殿で奉納。有川宗匠が作品を朗々と読み上げた。以前は、七百韻を巻き、懐紙を神輿に掛けていたという話を宮司さんから聞いた。奉納連歌の復活。江戸時代の連歌奉納に思いを馳せながら感慨に浸っていた。

その後、みやび館に戻り直会《なおらい》。連歌会を振り返りながら歓談した。六時半頃から鷺舞があるというので、再び八坂神社に移動。群衆に交じり、伝統的な優雅な舞いを見学した。

鷺舞

平成二十六年七月二十日

山口ふるさと伝承総合センター

みやび館

宗匠　有川宜博

執筆　尾崎千佳

山口祇園会奉納

賦何世連歌

（初折表）

一　言の葉のしげりみそなへ神慮《かみごころ》　基次

二　鷺《さぎ》舞ひ手向け闌《た》くる御祭　和子

三　遥けくも都につづく道ありて　宜博

四　しのつく雨に立つしるべ石　文子

五　七重八重蓑の内までぬるるらむ　満千子

六　大波寄する音すさまじき　芙美子

七　浦廻にもさやけき月の洩れいづる　純一

八　雲をはなるるかりがねの棹　悠子

（初折裏）

一　片傍《かたへ》なる山脈《やまなみ》いつか濃き紅葉　泰子

二　苔むす庭の風のしづけさ　正紀

三　名も高き僧も訪ひけむ寺ならし　淳

四　玉藻の前のきつね塚あり　光子

五　かねごとは誠か嘘か胸ゆるる　眞代

六　待ちをりし文けふも届かず　亮二

七　雪深み勿来《なこそ》の関もとざしてむ　千佳

八　猛き武士《もののふ》なすすべもなし　淳

九　紫の色も褪せけり綾威《あやをどし》　あかり

十　横笛遠く月かすみつつ　満千子

十一　うぐひすの初音を競ふ明の空　文子

十二　長閑なる野を児ら駆けまはる　亮二

十三　花の数ほどに散りくる花の蕊　悠子

十四　あしたは解かむ微分積分　満千子

（名残折表）

一　糸ほぐす如くにいかぬ人の仲　眞代
二　とりつおきつつひと足も出ず　光子
三　庭草にすがる白露いとほしき　純一
四　あきの来たるや君はつれなし　淳
五　後朝《きぬぎぬ》を片割月は眺めをり　明子
六　つま弾く琴に思ひ伝へむ　泰子
七　川風に岸を離るる涼み舟　芙美子
八　汗ぞろいまだ無も空もなし　正紀
九　帚木のありとし見えて見えぬ世に　和子
十　峯の奥にもかよふ杣道　満千子
十一　これなるは神ほぐ酒ぞあさず干せ　宜博
十二　四方《よも》を経廻る乞食《こつじき》の旅　和子
十三　凍る夜に庵結びて仮すまひ　文子
十四　湯田の湯煙かをりたつなり　亮二

（名残折裏）

一　碑《いしぶみ》に寄りそふ萩のゆりゆれて　淳
二　丘飛びはぬる小男鹿の群　泰子
三　蜩の声をちこちにひびきけり　悠子
四　荒野はしとど雨にうるほふ　芙美子
五　天地の変はりゆくさま日々あらた　眞代
六　汐速くして風は暖か　満千子
七　どこまでも続く水辺の花の帯　光子
八　ふたたびおこす大内の春　千佳

（句上）

		小方基次	一	宮武純一	二
桐井眞代	三	谷　和子	三	村岡悠子	三
鳥津亮二	三	有川宜博	二	猪本泰子	三
尾崎千佳	二	森　文子	三	安野正紀	二
渡邉あかり	一	服部満千子	五	黒岩　淳	四
三浦明子	一	陶山芙美子	三	土村光子	三

二　第二回（平成二十七年）

第二回山口祇園会奉納連歌会は、平成二十七年七月二十日、海の日に開催された、場所は第一回と同じく山口ふるさと伝承総合センターみやび館である。

前回より参加人数も増えたこともあり、尾崎千佳氏の座の他に、もう一座設けることになり、その座の宗匠を依頼された。当日は、執筆の谷和子氏に助けられ、なんとか大役を務めることができた。協力いただいた連衆の皆さんに感謝する次第である。

当日は、高速道路を通って駆けつけた。自宅のある北九州市の八幡からは、二時間もかからない。九時少し前に到着。十時頃開始。句の提出は小短冊を使用。音声と違って、小短冊は宗匠と執筆が見て、選ぶこととなる。

発句は、八坂神社宮司の礼次氏の「夏たけて山口しるし祇の園」。夏も盛りとなり、ここ山口はその盛んな様子がはっきりと感じられることだというおめでたい句。文子さんの脇句「鷺舞ふ杜にわたる涼風」は、祇園祭で奉納される鷺舞を詠みこんでいる。

一巡は事前にファックスやメール等で付け終わっているので、当日は、初折裏五から始める。初折裏四執筆の和子さんの句「なほ恨みじと思ふ言の葉」には、芙美子さんの句「つづりけむこころの丈を薄様に」が付く。いろいろ腹立たしいこともあったが、やはり恨むまいと思って、優雅な薄手の和紙に恋文をしたためている女性が目に浮かぶ。その句に亮二さんは「すくよかなるか里の父母《かぞいろ》」と付けた。「かぞいろ」とは、父母のこと。恋文から、親を案じる手紙へと転じた。それに付けた由希子さんの句「かねて知る軍《いくさ》の国となすなかれ」は、時事句と言えよう。戦後七十年を迎えた平成二十七年、安全保障関連法案の審議がなされていた。戦争をしないため、どうすべきなのか、各地で論議された。信子さんの「瑞穂の先に白露の玉」の句は、日本の美称である「瑞穂の国」からの自然な付け。「白露の玉」は、戦争を悲しむ涙をそれとなく感じさせる。その白露の玉は、野分の名残だと付けたのが、正一さんの句「野分過ぎ何事もなく青き空」。次の初折裏十は、月の定座。「青き空」なので、夜の月を詠むわけにはいかない。亮二さんは、「神も待ち侘ぶ今日の望月」と、月を待っている状況とした。

和子さんの「心字池鏡のごとく静まりて」の句は、清澄な心境が感じられ、神を詠んだ前句によく付いていると思われる。「心字池」は、「心の字体をかたどってつくられた日本庭園の池」で、京都の西芳寺や桂離宮などのものが有名である。神祇にとるべきか、釈教にとるべきか、迷うところである。

初折裏十三「盃を交はし賑はふ花宴《うたげ》」に正紀さんは、「いろはにほひて春を遊ばむ」と付けた。春の様々な花が咲き誇り「色は匂ひて」いる様子と同時に「いろはにほ」と数えながら、楽しく遊んでいる様子も思い浮かべられる楽しい句である。紘子さんは、「童らは石けり競ふ鄙はづれ」と付けた。子どもたちが、蹴った石の数を数えている様子となる。

名残折表二、文子さんの句「にはかの雨に借りし軒の端」に「蛍とぶ一の坂川訪ね来て」と付けてみた。一の坂川は会場の近くにある川。五月下旬から六月上旬にかけてゲンジボタルの乱舞を楽しむことができるそうだ。正一さんは「肩を寄せあふ二つ影あり」と付けた。蛍を見ながら恋人同士愛の言葉を交わしているのだろう。由希子さんの「危ふさも口に出ださぬ恋の闇」の付句は、表面的には仲睦まじいように見えるが、実は不安を抱えている恋人の心理を詠み込んでいる。「恋の闇」という言葉を使い、深みのある内容へ展開。

名残折表七「降りしきる雪を帳に身を隠し」という正一さんの句は隠者を思わせる句であるが、大学生のあかねさんは「親にいたづら子は仕掛けをり」と付け、微笑ましい内容となった。

名残折表十「香るあきかぜ強く吹くらん」に付けた大学生純菜さんの句「山梨の実も色づきてしなふ枝」は、秋になって枝もたわわに多くの実がつき、それが風に吹かれて、いい匂いもしてくるようである。「山梨」とは、バラ科ナシ属の落葉高木。果樹として栽培されている梨は、この山梨を品種改良したものだそうである。五月頃白い花を咲かせ、秋に直径七センチほどの実をつける。果肉は固く、生食には適さないらしい。

名残折表十三「蝕《か》け月のこの一刻を怖るなよ」の「蝕け月」とは「月蝕」のこと。この句に亮二さんは「悟り得たるは日々是好日」と付けた。会場となった部屋の掛軸に「日々是好日」とあったのをうまく詠み込んでいる。茶席の禅語として有名なものであり、一般には、「にちにちこれこうにち」と読むが、亮二さんは、「ひびこれよきひ」と巧みに詠み替えた。

名残折裏七由希子さんの「光浴び日ごと勢《きほ》へる花の瀧」という格調高い花の句に、和子さんが「四方《よも》かぐはしく萌ゆる若草」と挙句を付けて十時過ぎに無事満尾。

その後、八坂神社の拝殿で、祝詞をあげていただいた後、尾崎千佳先生に引き続き、私も作品を神前で読み上げ、奉納した。私にとっては、初めの体験であり、気の引き締まる思いがした。喫茶軽食「クルミ」に場を移して直会に参加。美味しい料理を頂きながら楽しい一時を過ごした。

平成二十七年七月二十日
山口ふるさと伝承総合センター
みやび館
宗匠　黒岩　淳
執筆　谷　和子

山口祇園会奉納

賦何馬連歌

（初折表）

一　夏たけて山口しるし祇の園　礼次
二　鷺舞ふ杜にわたる涼風　文子
三　笛の音の調べなまめき聞こゆらん　正一
四　旅のわらぢをぬらす白波　芙美子
五　中空に藻塩の煙直ぐ立ちて　亮二
六　屋根に降りくる柞《ははそ》のもみぢ　正紀
七　凍て月の影山峡《やまかひ》の田に映る　泰子
八　峠越ゆれば道のひらけり　信子

（初折裏）

一　篁《たかむら》をかけめぐりたる風の声　由希子
二　けふの連れ節はや杜鵑《ほととぎす》　紘子
三　別れ来てこもるみ寺に人はなし　淳
四　なほ恨みじと思ふ言の葉　和子
五　つづりけむこころの丈を薄様に　芙美子
六　すくよかなるか里の父母《かぞいろ》　亮二
七　かねて知る軍《いくさ》の国となすなかれ　由希子
八　瑞穂の先に白露の玉　信子
九　野分け過ぎ何事もなく青き空　正一
十　神も待ち侘ぶ今日の望月　亮二
十一　心字池鏡のごとく静まりて　和子
十二　常磐をうたふうぐひすのこゑ　由希子
十三　盃を交はし賑はふ花宴《うたげ》　泰子
十四　いろはにほひて春を遊ばむ　正紀

（名残折表）

一　童らは石けり競ふ鄙はづれ　紘子
二　にはかの雨に借りし軒の端　文子
三　蛍とぶ一の坂川訪ね来て　淳
四　肩を寄せあふ二つ影あり　正一
五　危ふさも口に出ださぬ恋の闇　由希子
六　思ひをこめておくる簪　正紀
七　降りしきる雪を帳に身を隠し　正一
八　親にいたづら子は仕掛けをり　あかね
九　いくたびか裏木戸たたく音のして　由希子
十　香るあきかぜ強く吹くらん　亮二
十一　山梨の実も色づきてしなふ枝　純菜
十二　荒れ野に集ひ猿酒飲まむ　文子
十三　蝕《か》け月のこの一刻を怖るなよ　紘子
十四　悟り得たるは日々是好日　亮二

（名残折裏）

一　軽やかにひびく鈴音涼しげに　泰子
二　むら雨過ぎて小袖をぬらす　芙美子
三　をちこちの急ぐ若人息はづむ　正紀
四　山谷多き旅は果てなし　亮二
五　たちこむる霞はいまだ晴れやらず　淳
六　川辺にひくく飛びかふつばめ　文子
七　光浴び日ごと勢《きほ》へる花の瀧　由希子
八　四方《よも》かぐはしく萌ゆる若草　和子

（句上）

小方礼次　一　森　文子　四　十鳥正一　四
陶山芙美子　三　鳥津亮二　六　安野正紀　四
猪本泰子　三　倉田信子　二　井上由希子　六
宮川紘子　三　黒岩　淳　三　谷　和子　三
井手あかね　一　内田純菜　一

第九節　高辻安親宗匠を偲んで

一　高辻安親宗匠十年祭（平成二十六年）

高辻安親宗匠が、平成十六年にお亡くなりになってから十年になる平成二十六年十月十三日（日）、高辻宗匠を偲んで、須佐神社で十年祭連歌大会が開かれることになった。有川宜博氏の助言をいただきながら今井祇園連歌の会の会員で準備を進めた。

前日の十月十二日（土）には、守田蓑洲邸において、島津忠夫先生の連歌講演会が開催された。（行橋市教育委員会主催）十五時開始。教育委員会の方のご挨拶の後、私は島津先生の紹介をさせていただいた。その後、先生のご講演が始まる。テーマは、「復興する連歌――西山宗因から現在の連歌まで――」である。大正十五年にお生まれとは思えない、はっきりした力のあるお声で、とても聞きとりやすい。

内容については、まず、西山宗因が、非常に洗練された詩精神を有していて、連歌、俳諧それぞれの分野で、立派な熟成した作品を作り上げていることを指摘された。幕末連歌壇の話では、特に大阪天満宮の滋岡長松が、あちこちから連歌書を借りて写していることを紹介され、当時、連歌壇と言えるものがあちこちにあったことを示していると話された。また、昭和五十六年に須佐神社で開催された連歌シンポジウムの裏話や、現在の連歌をさかのぼれば、浜千代清氏から山田孝雄に至りつくというお話があった。現代の連歌を考える上で、大変貴重なお話を拝聴することができた。なお、この時の講演録は、『第十回行橋連歌大会　連歌作品集』（行橋市史連歌企画委員会編・平成二十七年）に収録されている。

島津先生のご講演は、午後十六時、予定時間通り終了。その後、簑島の周防館で懇親会が開催された。東京や大阪、京都など遠方からの参加者もあり、盛会であった。高辻安親宗匠の心温まる思い出話も披露された。

翌十三日、九時半に高辻安親宗匠十年祭連歌大会の開会式が須佐神社参集殿で行われた。式の後、全員で記念写真を撮り、その後、各座に分かれて実作開始。宗匠は島津忠夫氏、鶴﨑裕雄氏、光田和伸氏、藤江正謹氏、有川宜博氏、前田賤氏の六名である。当初、有川座と前田座は、回廊でする予定であったが、台風接近のため、その二座が畳部屋で、残りの四座は参集殿で行うことになった。

私は光田座の執筆を務めることになっていた。光田先生の執筆を務めるのは、平成二十二年の京都国民文化祭プレ大会以来二回目である。

光田座は、今井祇園連歌の会の作法である音声連歌で行うことになった。句を思いついた人は、長句の場合初めの五音、短句の場合は七音をまず発する。執筆がそれを繰り返す。そうすると、作者はもう一度最初の言葉とそれに続く残りの言葉を声に出すのである。式目に抵触していないかを執筆が確認し、間違いがなければ宗匠にお伺いする。宗匠が頷いたら採択である。式目に抵触していなくても、展開上考慮を要する場合や、表現上問題があるような場合は、宗匠が再考を促す。作者は一回だけ直すチャンスが与えられる。いわゆる「一《いっ》直《ちょく》」である。この日は一分間以内ということで進めることになった。

発句は、光田宗匠の「十の秋種々に過ぐを人もなし」。高辻安親宗匠が亡くなられて十年。様々なことがあったが、やはり今いないことが寂しいことであると追悼の気持ちを詠まれたと思われる。私は「白露光る一すぢの道」と付けた。「一すぢの道」に「連歌の道」を込めたつもりである。「白露」は、高辻宗匠がいない悲しみの涙の意を込めるとともに、「光る」とすることで、連歌の道が高辻宗匠の力で復興され、この十年でさらに広がりを見せつつあることを示したいと考えた。

第三句は、今井祇園連歌の会会長の泰子さんの「ちちろ虫庭の片方に集ひ来て」。ちちろ虫とは、コオロギのこと。脇句を合わせると、光る白露に誘われるかのようにコオロギが庭の片隅に集まってきたという意味になる。

初折表八「雪投げ遊ぶわらはべの影」に、「高殿は盃交はす声のして」と智子さんが付けたところで一巡が終わり。当日までに一巡はメールやファックスを使用して付けてもらっていた。当日は、初折裏二句目から付けていく。そこで、まず康代さんが「かすかにひびく糸を繰る音」と付ける。高殿という高貴な場所と庶民的な場所との対比が面白い。しかし、「雪投げ遊ぶわらはべ」の世界に戻ってしまうと宗匠の指摘があり、「かすか響くは衣ずれの音」と訂正。高殿の雅な世界を展開する付句となった。

この句は、恋の呼び出し。泰子さんは「匂ひくる美しき香りは彼《は》の人ぞ」と恋の句を付けた。まだ姿は見えないが、この香りは、あのお方に間違いないと期待に胸を膨らませる女性が想像できる。哲司さんは、「文もきたらずいづこにありや」と付けた。前句と合わせると、良い香りは漂ってくるが、手紙も来ない、あのお方はどこにいるのかという意味になる。

一巡が終わったときに、光田宗匠から、否定や疑問の表現がないので、ぜひ、入れるようにとの指示が出ていた。この句はどちらも否定も疑問も満たしており、宗匠も満足そうであった。

疑問形なので、次はどこかの情景を詠めばそれで良いのだという宗匠の指摘もあり、次は妙子さんが「野分け立つ周防の灘に波高し」と付けられた。周防灘の波を見ながら「いづこにありや」と恋人のことを思いやっている内容になった。

哲司さんは、「ふもとを染めし紅葉かつ散る」という句を付けて、海と山とを対比的に表現。「紅葉散る」は、冬の季語であるが、「紅葉かつ散る」では、秋の季語となる。

初折裏九、智子さんの「青梅雨《あをつゆ》に旅をいそぎて濡らす袖」に光田宗匠は「これの径《こみち》は何方《いづかた》へゆく」とさらりと付けられた。宗匠が指摘されたように、疑問形の句を付けることで展開が図られることが実感される。

初折裏十二、康代さんの「石のきざはしいとあたたかし」には、八代からお越しの、歌人でもある妙子さんが「花に遊ぶ幼きてふか見守れる」と付けた。「花に遊ぶ」は字余りではないという宗匠の説明がある。句の途中にある「あいうえお」は数えなくていいのである。「近江の海夕波千鳥汝が鳴けば心もしのにいにしへ思ほゆ」の歌を思い出すといいというご教示もあった。

名残折表一、泰子さんの「御山はいつさわげるや安寝《やすい》せぬ」は、先日噴火した御嶽山を詠んだ時事句である。康代さんは「老いのしじまをやぶるたまゆら」と述懐の句を付けた。「たまゆら」とは、「ほんのちょっと」という意味だが、本来誤読から生じた言葉であると宗匠が教えてくださる。

さらに、松山から来られた哲司さんは「夏羽織召す姿頼もし」と付けられた。「姿」は句材の上では、人倫となる。髪や手、足など、体の一部は人倫とはならないが、全身を表す言葉は人倫になると光田宗匠から説明がある。

その句に「いかにせん乙女心のときめける」と付けると採択していただいた。頼もしい男性の姿を見て、ときめいている心。乙女の立場で詠んだ恋句である。「いかにせん」という疑問の詞を意識した。「乙女の皆さんどうぞ」という宗匠の声で座は盛り上がる。康代さんは「すきすきすきと書いて打ち消す」とまさに、いじらしい乙女の気持ちを表したような句を付けてくださった。

この句に「現《うつ》し世は風の中なる葛の花」と妙子さんが付けた。葛は、「葛の裏葉」を連想させるので、前句と合わせると実にいいと光田宗匠は高い評価をなさる。さらに、高松から来られた正一さんは、「山うつすらと装へる影」と付けた。現世が風の中という内容にうっすらとした紅葉がイメージ的に重なり、句の深まりが感じられてくる。なお、秋の句で雪を詠むには「富士の初雪」という季語があると、宗匠より教示があった。

名残折表十一、哲司さんの「大佛はまぶたを閉ぢて何思ふ」という疑問形の句に、正一さんは「法《のり》は無常の理《ことわり》と知れ」という釈教の句を付けた。疑問に対する答えのようになっている。そして、その無常の句に智子さんは、「ひとり降る雪は平らに物おほふ」と景の句を付けた。前句と一緒に鑑賞すると、雪で覆われていくところに、無常を感じるという内容になる。展開が面白い。

名残折裏一「新しき都成るらし槌の音」という智子さんの句。「都」は句材の上では名所にならない。妙子さんは、「遠山川にひびきこそゆけ」と付けた。いわゆる係り結びである。光田宗匠は、「連歌の花は係り結び」と言われた。「ひびきゆく」ことが強調されるのであるが、そこに思いの強さが重ねられる。

名残折裏四、「若竹群のいろを見せばや」という宗匠の句。句材から言えば、竹は木や草から二句去り。ここで竹を詠んでも花に障ることはないのである。「ばや」という希望の助詞も今まで出ていない。その句に智子さんは「技つくし土あざやかに陶の里」と付ける。陶器に付ける色のこととした。見事な展開である。

名残折裏七は花の定座。高辻安親宗匠は、名残折裏の花は、散らす花を詠んだりしないということを言われていたと光田宗匠は懐かしそうに話される。哲司さんの「旅の道花の盛りににぎはひて」という句を採択。挙句は執筆の私が「照り映えわたる今井津の春」と付けて満尾した。

その後、須佐神社の拝殿で一巡と名残の裏を光田宗匠が読み上げて奉納した。

今回の大会、特に光田宗匠から多くのことを教えていただいた。その中でも、否定形や疑問形を用いることの大切さが特に印象に残っている。また、句はあやふやな方がいいというご指摘も蒙を啓かれる思いであった。一句で全てを表現してしまわないということである。付句と合わせて歌が作られていくのであって、曖昧な点がある方がいいということである。俳句との違い、連歌の特性を教わったのであった。

大型台風一九号の接近で、天気はどうなるかと心配されたが、連歌を巻き終わるまで雨は降らず、どの座も予定通り終了したのであった。（なお、この時の作品は『今井津の杜』（今井祇園連歌の会・平成二十七年）として刊行されている。）

平成二十六年十月十二日

大祖大神社
須佐神社参集殿
宗匠　光田和伸
執筆　黒岩　淳

賦山何連歌

（初折表）

一　十の秋種々に過ぐを人もなし　和伸
二　白露光る一すぢの道　淳
三　ちちろ虫庭の片方に集ひ来て　泰子
四　木の実はじくる山のにぎはひ　康代
五　晴れ渡る浦にたゆたふ釣りの舟　文子
六　真砂ふみ見る旅の中空　正一
七　疾風立ち雲をはらひて月冴ゆる　哲司
八　雪投げ遊ぶわらはべの影　妙子

（初折裏）

一　高殿は盃交はす声のして　智子
二　かすか響くは衣ずれの音　康代
三　匂ひくる美《は》しき香りは彼の人ぞ　泰子
四　文もきたらずいづこにありや　哲司
五　野分け立つ周防の灘に波高し　妙子
六　ふもとを染めし紅葉かつ散る　哲司
七　まどかなる月にさほさし雁渡る　文子
八　ふるさとの村明かり灯らん　康代
九　青梅雨《あをつゆ》に旅をいそぎて濡らす袖　智子
十　これの径《こみち》は何方《いづかた》へゆく　和伸
十一　頬なづる風穏やかに遍路寺　泰子
十二　石のきざはしいとあたたかし　康代
十三　花に遊ぶ幼きてふか見守れる　妙子
十四　須佐の社は陽炎の中　哲司

（名残折表）

一　御山はいつさわげるや安寝《やすい》せぬ　泰子

二　老いのしじまをやぶるたまゆら　康代

三　太刀ふるふもてなしの舞輝ひて　智子

四　夏羽織召す姿頼もし　哲司

五　いかにせん乙女心のときめける　淳

六　すきすきすきと書いて打ち消す　康代

七　現《うつ》し世は風の中なる葛の花　妙子

八　山うつすらと装へる影　正一

九　旅の宿ひさしにかかる月青し　文子

十　はるかに聞こゆ鹿の一声　智子

十一　大佛はまぶたを閉ぢて何思ふ　哲司

十二　法《のり》は無常の理《ことわり》と知れ　正一

十三　ひとり降る雪は平らに物おほふ　智子

十四　輪だちの跡も消ゆる広原　康代

（名残折裏）

一　新しき都成るらし槌の音　智子

二　遠山川にひびきこそゆけ　妙子

三　朝まだき力みなぎる駒の群れ　康代

四　若竹群のいろを見せばや　和伸

五　技つくし土あざやかに陶の里　智子

六　吹きくる風にかすみはれゆく　文子

七　旅の道花の盛りににぎはひて　哲司

八　照り映えわたる今井津の春　淳

（句上）

光田和伸　三　黒岩　淳　三　猪本泰子　四

小林康代　八　森　文子　四　十鳥正一　三

梶野哲司　七　太江田妙子　五　黒川智子　七

二　高辻安親宗匠の思い出

須佐神社の急な階段を上り詰めると、社務所の窓から「いらっしゃい」といつもにこやかに迎えてくださった高辻安親宗匠の笑顔が忘れられない。

私が初めて「連歌の会」に参加したのは平成五年二月二十一日。その時、高辻宗匠に初めてお会いした。それ以来、毎月一回行われる連歌の会を楽しみにしてきた。なかなか自分の句が採択されないことも多々あったが、思いついた句を声に出した時に、すぐさま高辻宗匠に「はい、それ」と採択されたことがある。それは、実に嬉しい瞬間であった。また時々発せられる「いいですなあ」としみじみ言われる宗匠の言葉は、誰もが大きな励ましと感じたに違いない。宗匠自らが句を出される時は、格調高くスラリと詠まれるので、いつも感嘆していた。連歌は音声が重要だということを繰り返し話されていたことも思い出す。連衆が句を考えあぐねていると、いろいろな話が出る。それを聞くのも楽しみであった。特に季語や古語に関する話などは、実に有益でもあった。その中心にいらっしゃったのが高辻宗匠であり、深い見識に基づくお話にいつも引き付けられた。宗匠が若かりし頃、前の句と付き過ぎていると「べたづけ」と言われて注意されたという体験談なども印象に残っている。

また、「連歌は自由な発想を養うドリルである」とおっしゃっていた。ついつい周りに流されがちな我々の発想や物事の捉え方を鍛え直してくれるのが連歌だということだろう。そのような連歌の一面の指摘にはっとさせられた。

平成十三年、大阪平野の杭全神社で全国連歌大会が開催された時、小倉からずっとご一緒させていただいた。大会では、杭全神社の由緒ある連歌所で、高辻先生が宗匠を務める百韻の座に参加した。またいつか連歌の旅にお供したいと密かに思っていたが、それも叶わなくなってしまった。

高辻宗匠は、連歌普及に力を入れてこられた。特に若い世代に伝えていくことをいつも考えられていたと思う。平成十五年、国民文化祭のプレ大会の一環として中学生・高校生の座が設けられることになった。その事前学習会が行橋市役所の一室で行われたとき、連歌とは何かということを、実に楽しそうに生徒たちに語っていた宗匠の姿も忘れがたい。高辻宗匠のご高恩に報いるためにも、さらに連歌を学び、精進して私も若い世代に伝えていきたいと思うばかりである。

三　高辻安親宗匠の付句

高辻宗匠は、未熟な私の句に、どのような句を付けてくださっていたか。『平成の連歌』第一集・第二集を繙くと、拙句を生かしていただいていることが、今更ながらに実感できる。

まず、脇句。

①平成八年五月二十六日

発句　歌さそふ風ぞ涼しき宮の丘　　淳

脇句　名ある揚羽のひるがへる庭　　安親

②平成十一年六月二十七日

発句　うるほへる宮の茂りや色深し　　　　淳
脇句　水かさまさる梅雨の川の瀬　　　　安親

③平成十二年八月二十七日
発句　歌宮や稔り豊かに秋暑し　　　　淳
脇句　さはやかなれとおくる分霊《わきたま》　　　　安親

④平成十三年五月二十日
発句　安らけく青葉ぞにほふ歌の宮　　　　淳
脇句　よぢて登れば風薫る階　　　　安親

⑤平成十四年二月二十四日
発句　東風《こち》吹きて匂ひや満つる歌の宮　　　　淳
脇句　はてなく晴れて温かき空　　　　安親

⑥平成十五年十一月三十日
発句　散りしけるいてふ輝く宮居かな　　　　淳
脇句　いよよ冴えゆく空の大いさ　　　　安親

⑦平成十六年六月二十七日

発句　雨そそぐ青田うるはし歌の里　淳

脇句　落て口いまだまさる涼しさ　安親

脇句以外の付句も見ておきたい。

⑧平成十一年十月二十四日

前々句　こと細やかに雪光り落つ　みのり

前句　ひと目さけ睦言かはす川の岸　淳

恋しかの君高潮に失せ　安親

⑨平成十二年三月二十六日

前々句　はてしなき人の業《ごふ》をやいかにせん　由希子

前句　かくれ参りの親の影あり　淳

焼け残る楠の若葉のいさぎよし　安親

わが子に何とか改心してほしいと、隠れて祈りに来る親の姿を描く前句。それに、「楠の若葉」を配することで、神社の境内が現実感をもってイメージされてくる。そして、「いさぎよし」という形容詞の終止形が、若葉の生命力を感じさせるとともに、親の思いが通じて事態が好転していくことを予感させる。また「焼け残る」という語句が、物語性を感じさせつつ新たな展開を呼ぶ契機となっているところも魅力である。

⑩平成十三年二月二十五日

前々句　片言のこぼるるほどに風光る　ともこ
前句　薄氷《うすらひ》残る北上の川　淳
　波しぶきうけて咲きそむ花の枝　安親

⑪平成十三年九月二十三日

前々句　千万《ちよろづ》の歌を束ねて世にとはん　宜博
前句　汗流しつつ越ゆる山々　淳
　かねてきく泉のあたりいづこにか　安親

⑫平成十三年十一月二十五日

前々句　ただいたづらに馬齢かさねて　美代子
前句　いまもなほ乾くひまなき袖の露　淳
　帝の恋ひし鈴虫の裔《すゑ》　安親

前句を生かしながら、新たな世界へと展開させている付句の数々を見ると、あたたかく指導してくださった安親宗匠が、改めて偲ばれる。

第十節　参加した各地の連歌会

今まで、全国各地の連歌会に参加させていただいた。作品を読み返すと、いずれの地でも心あたたまる歓待を受け、楽しいひとときを過ごさせてもらったことが、懐かしく思い出されてくる。

①古今伝授の里連歌会（岐阜県郡上市）

古今伝授の里連歌会は、岐阜県郡上市大和にある古今伝授の里フィールドミュージアムの連歌会である。隣接している明建神社で妙見法楽連歌を奉納している。明建神社は、宗祇の師である東常縁《とうのつねより》ゆかりの神社である。

平成二十一年八月七日、古今伝授の里フィールドミュージアムの一室で開催された連歌会に参加させていただいた。参加するにあたり、小林善帆氏、竹島一希氏に大変お世話になった。翌日、島津忠夫先生から、和歌文学館や東氏館跡庭園を案内していただいたことも忘れ難い。八日の夜は、薪能くるす桜を鑑賞。幻想的な薪能に酔いしれた。

平成二十一年八月七日
古今伝授の里フィールドミュージアム
おがたまの座
宗匠　鶴﨑裕雄
執筆　小林善帆

賦初何連歌

（初折表）

一　秋と知る風は水辺の宮居かな　一希
二　草の葉末に降る虫の声　泉
三　いにしへの名のある道に月待ちて　裕雄
四　文字なぞりつつ巡る碑　多美子
五　西東旅の行方は果てもなく　淳
六　村雨過ぐる山あひの里　善帆
七　白菊と見まがふほどの朝の霜　和代
八　遠野を渡る鐘の音凍てて　弥一

（初折裏）

一　子をあやす肩のゆさぶりやはらかく　光哉
二　厨にお茶の香りほのかに　了
三　柿の皮くるすくるすとむかれゆく　紅舟
四　露の命をつむぐ百年　由希子
五　はかなくも二つの星の出逢ふ夜　善帆
六　君待ちがてに辻にたたずむ　弥一
七　あふれくる思ひ抑ふるすべもなし　淳
八　いざ新しき街にかけ出す　由希子
九　ほととぎす見上ぐる空に昼の月　裕雄
十　鮎はねあがり岩に踊りぬ　光哉
十一　たうたうと流れもはやき長良川　淳
十二　翁の水辺柳芽吹きて　多美子
十三　花の恩天神地祇のあまねしや　了
十四　霞のひまに訪ひもゆかまし　由希子

（名残折表）

一　浄衣着てまあ一献と寺の内　裕雄
二　稚児はひそかにかいもちひせん　淳
三　しんしんと雪降る窓の物語　善帆
四　彼方の心とりとめよかし　由希子
五　唐突に行きて乙女を連れ帰る　裕雄
六　君が腕の優し言の葉　多美子
七　抽出しにしまひし日記をなつかしむ　光哉
八　好きといふ字を書きそめし頃　淳
九　苫蓬煎じて恋の成就せり　紅舟
十　渡せる橋に薫る川風　由希子
十一　をちこちに蜩はやも聞こえたる　善帆
十二　紅美しく走り萩咲く　弥一
十三　袖だにも宿らぬ月の影洩れて　紅舟
十四　糸を繰る手をしばしとどめつ　由希子

（名残折裏）

一　かひまみる母のしぐさの戸のむかふ　光哉
二　背で覚えたいくつもの唄　多美子
三　千鳥鳴くあした浜辺をさまよへば　裕雄
四　寄せくる波に揺るる網代木　淳
五　いざ発ちて行く風のもと峰遥か　光哉
六　かたびら雪のはや消えそむる　紅舟
七　花盛り幹の太きも輝けり　弥一
八　とはを寿ぎ舞ふはてふてふ　善帆

（句上）

竹島一希　一　木島　泉　二　鶴崎裕雄　五
渡辺多美子　四　黒岩　淳　六　小林善帆　五
磯貝和代　一　清水弥一　四　水野光哉　四
古田　了　二　筒井紅舟　四　井上由希子　六

②瑞巌寺法楽連歌会〈小島頓宮法楽連歌会〉（岐阜県揖斐川郡揖斐川町）

南北朝時代、北朝の後光厳天皇と関白二条良基が小島頓宮で過ごされた。その際、連歌が巻かれた由緒ある場所で行われている。

平成二十一年　七月十日発句　十月二十三日満尾

瑞巌寺石楠花の間

宗匠　清水弥一

執筆　高松正水

賦花何連歌

（初折表）

一　宮人のすさみに伝ふ泉かな　正水

二　小島の里を渡る涼風　純女

三　峰々の松を吹く音澄み切りて　弥一

四　のどを潤す蹲ひの鳥　正道

五　うまきもの携へ遠く訪ぬらむ　郁子

六　稲穂のみのる季は到りぬ　成子

七　月今宵雲の行くへも定まりて　正水

八　壁に伸びきし庭柿の影　成子

（初折裏）

一　野をはるか奈良の町並み見え始む　正道

二　皺の寄りたる旅衣とく　純女

三　こころ込め友に玉章したためん　郁子

四　小櫛取りつつ待つ閨のうち　純女

五　幸せを夢に描きて今日もまた　正水

六　入江の舟につれそふふたり　善四郎

七　遠く聞く網引き上ぐる低き声　甚一

八　地震に崩れしきりぎしのもと　恭子

九　冬ざれし河原の石のしろじろと　成子

十　さらに月冴ゆ南無地蔵尊　純女

十一　安らかに眠れよかしと念じつつ　弥一

十二　山のうぐひす未だ幼し　正道

十三　雨ごとに花の蕾もふくらみて　郁子

十四　霞の奥にいざ見に行かむ　純女

（名残表）

一　水の香の郷こそよけれ身に通ひ　由希子
二　美濃のたびぢを西へ東へ　淳
三　手をつなぎ夏越しの祓ひねんごろに　正水
四　鏡に映る日めくりの裏　善四郎
五　古代史の謎はますます深まりて　正道
六　崩れし像の噯ひふふめる　成子
七　明日香路の稲の香りのここかしこ　郁子
八　萩こぼれ散る神の社に　弥一
九　月の出に鼓もさやか橋懸かり　やよひ
十　憂かる昔よはればれとなれ　純女
十一　三毛猫と遊ぶ童の笑ひ声　やよひ
十二　木乃伊取りとや天上がりとは　正水
十三　しばらくは心静かに時を待つ　純女
十四　障子をしめて聞く夕しぐれ　成子

（名残裏）

一　袖すぼめ歩む真うへに冬の虹　郁子
二　いつしか風の弱まりてをり　やよひ
三　峠道越ゆれば野辺の広々と　正水
四　我家の方か明きともしび　弥一
五　薄氷を融かす陽ざしの優しくて　成子
六　つばくら来たるのどやかな朝　郁子
七　ほの匂ふ千歳の花のうるはしく　純女
八　つどふ貴人杯流し　やよひ

（句上）

高松正水　六　岡部純女　八　清水弥一　四
土岐正道　四　松井郁子　六　玉田成子　六
水野恭子　一　井上由希子　一　黒岩　淳　一
内田善四郎　二　大久保甚一　一　伊藤やよひ　四

平成二十一年八月、瑞巌寺を訪ね、二条良基が記した旅日記「小島のすさみ」の写本（県重要文化財）を拝見した。そして、高松正水さん、清水弥一さん、岡部純女さんに、温かくもてなしていただき、是非連歌をということで、句を付けさせていただいた。

③にぎたつ連歌会（愛媛県松山市）

にぎたつ連歌会は、愛媛県松山市の連歌会で、宮武純一氏が中心となって活動されている。「月次御稽古塾」として毎月活動され、年一回は、松山市の名所旧跡を会場に連歌会を開催されているとのことである。

平成二十二年六月十二日
松山城二の丸史跡庭園観恒亭
宗匠　有川宜博
執筆　宮武純一

賦何文連歌

（初折表）

一　熟田津に南風《はえ》ある今日の船出かな　宜博
二　来啼く高城の山ほととぎす　純一
三　豊かなる国原いよよ広ごりて　正一
四　里に漂ふ香りかすかに　知子
五　重なりし萩に葉擦れの音すなる　律雄
六　暮れなづむ影ややに冷えつつ　初子
七　美《は》しき月待てば宴もたけなはに　喜代子
八　うすくかかりし霧も晴れゆき　淳

（初折裏）

一　道辻にこれより二里と標石　昭子
二　駈くる白駒揺るる鬣　哲也
三　人知れず僧の姿に身をやつし　明子
四　山の片庵君を偲ばむ　初子
五　行く末に心たゆたふ仲となり　律雄
六　計りがたきは雪の深さよ　知子
七　小春日や清き流れはいづ方へ　喜代子
八　出で湯訪ぬる旅は続けり　淳
九　三更に砧打つ音遠鳴りて　昭子
十　いざよひの能松明に舞ふ　正一
十一　さざめきし翁嫗の秋扇　知子
十二　童は集ひ亀は岩の上《へ》　喜代子
十三　花嵐宮の階埋めつくし　昭子
十四　幽かに聞こゆ春の酔ひ唄　純一

（名残折表）

一　広き家《や》にひそとおはさむ雛の面　初子
二　垂乳根待ちて時ゆるり過ぐ　明子
三　なだらなる丘を染めゆく夕茜　喜代子
四　戯れ遊ぶ鹿の仔の群れ　知子
五　都をば遷して余る千歳なり　宜博
六　寿ぎ踊る三河武士《もののふ》　律雄
七　ふたたびの逢瀬を祈る手弱女は　喜代子
八　ひしと抱きて深き口吸ひ　昭子
九　新走り村興しなる才ありて　知子
十　頭を垂るる稲穂波うち　純一
十一　しののめの空に残れる月淡く　淳
十二　よぎりし黒き鳥の列々　初子
十三　家路へとはやる足音《あおと》をふととめて　正一
十四　いつしか四方は雨となるらし　喜代子

（名残折裏）

一　蕩々と冬の海面の揺れてをり　知子
二　寄せては返せ濤よな立ちそ　律雄
三　静もれる遠き野末に煙消え　正一
四　白むを忘れ古書《ふるふみ》を繙《と》く　昭子
五　東風風の運ぶ出会ひのいや新た　宗
六　菜飯ほほばり峠越えゆく　明子
七　坂の上老のひと花雲めざし　哲也
八　霞たなびく味酒《うまさけ》の郷《さと》　純一

（句上）

有川宜博　二　面出律雄　四　山田昭子　五
宮武純一　四　柳原初子　四　久野哲也　二
十鳥正一　四　山下喜代子　六　飯尾明子　三
梶野知子　六　黒岩　淳　三　飯尾　宗　一

福岡から参加する有川宜博氏、柳原初子氏、山下喜代子氏とともに、連歌会前日の夜十時、北九州の小倉発のフェリーに乗り込んだ。翌朝五時に松山観光港着。朝早いので、道後温泉に浸かり、しばし寛ぐ。その後、会場へと向かった。

④国民文化祭・京都プレ大会

平成二十二年十月三十一日（日）、京都の北野天満宮で開催された。光田和伸宗匠のもとで、執筆をさせていただいた。初めて北野天満宮で連歌を巻いたということもあり、忘れがたい連歌会である。

平成二十二年十月三十一日　北野天満宮

宗匠　光田和伸
執筆　黒岩　淳

賦唐何連歌

（初折表）

一　照りまされ天満つ神の園もみぢ　磨理子
二　月きよらかに踏む道の露　和伸
三　風にのる鈴虫の音の澄みゆきて　淳
四　ただささらさらと川のゆくへは　光代
五　おだやかに里潤してめぐるらむ　英子
六　土温かく萌ゆる下草　彩
七　明けしらむ遠き峰々霞立ち　説子
八　のどかに行けば裾ひるがへる　淳枝

（初折裏）

一　旅枕見知らぬ人もわが友に　猛
二　ためらひもなく酒を交はして　淳枝
三　恥ぢらひの頬染め語る夜も更くる　磨理子
四　浅き心を誰うらむまじ　光代
五　読みかへす古き便りはせつなくて　英子
六　嵐ののちの塚埋む雪　和伸
七　野に出でて鍬もつわが手嘘もなし　猛
八　仰げば空を行く雁の群　淳枝
九　三日の月すすきのゆれて出で湯の香　英子
十　秋祭かと子ら集まれり　光代
十一　歌声のひびきわたれる筑波山　淳
十二　とりて重ぬるたなごころなる　淳枝
十三　傘さして花を供へむみ仏に　猛
十四　音なく春の雨降りやまず　英子

（名残折表）

一　それといふ亀鳴く畦は藪のかげ　磨理子
二　いさり火ゆるる遠き波間に　光代
三　広き野に足取り軽く風吹きて　淳枝
四　けふ在ることは命なりけり　和伸
五　亡き人の影慕ひつつ更衣　光代
六　山ほととぎす空ぞ忘れぬ　磨理子
七　思ひ立ち東雲どきの鹿島立ち　説子
八　切り火する妻とく起き出でて　猛
九　乱れたる長き黒髪つやめきぬ　淳
十　笛の音過ごしことのうらめし　光代
十一　水鏡映る葉の色くれなゐの　淳枝
十二　萩を散らしてひびく柏手　説子
十三　まろき月ささふるがごと大鳥居　光代
十四　こころ清地の大神ぞこれ　和伸

（名残折裏）

一　山高く見渡すかぎり広がれる　淳枝
二　いづくの里のうへの冬虹　光代
三　草枯るる古き庵に誰か住む　彩
四　踏み分くるらし道のひとすぢ　和伸
五　やはらかく入相の鐘ながれゆく　説子
六　季をうながせ夜を吹く東風　英子
七　つどひたる皆ひとの空花盛り　説子
八　檜皮も栄ゆるのどかなる宮　淳

（句上）

田坂磨理子　四　光田和伸　五　黒岩　淳　四
藤原光代　八　濱田英子　五　菊池　彩　二
柴原説子　五　澤木淳枝　七　西野　猛　四

⑤神《み》縁《ゆかり》連歌会（福岡県太宰府市）

連歌と縁の深い天神菅原道真公を祭る太宰府天満宮の文化研究所において、四季折々年に四回開催されている。宗匠は有川宜博氏が務められている。

平成二十三年十二月三日

太宰府天満宮文化研究所

宗匠　有川宜博

執筆　宮崎由季

賦何草連歌

（初折表）

一　年惜しむ斎庭《には》に紡ぐや歌筵　伊佐子
二　告りし祝詞も高き凍て空　由季
三　大樟の色香いよよに深まりて　ヨシ子
四　澄める川瀬に魚は跳ねたり　淳
五　広き野を凪さはやかに渡りゆく　美代子
六　山並み映ゆる秋の夕暮れ　千世
七　ゆるゆると上る月待つ朱の岩　順信
八　折しも聞こゆ笛の一節　睦

（初折裏）

一　初ひ立ちの時は来たれり旅仕度　泰子
二　道のかなたに雲湧き出づる　康利
三　俄雨降るもあがるもたちまちに　宜博
四　若き娘の裾ひるがへり　由季
五　小春へと恋も乗せつつ観覧車　勉
六　北窓ふさぐ逢引きの宵　美代子
七　君が手の温もりうれし雪しきり　ヨシ子
八　渡す木舟に波たちさわぐ　順信
九　名も知らぬ鳥の舞ひたる隅田川　淳
十　いざ言問へよ月おぼろなる　宜博
十一　花の下扇さばきもしなやかに　泰子
十二　青踏みあそぶ野辺のにぎはひ　伊佐子
十三　盃の絶ゆることなく巡りつつ　由季
十四　ものみなべておだやかなりき　ヨシ子

（名残折表）

一　年ふりて水茎のあと懐かしく　美代子
二　浮世を離れ住みし山里　由季
三　朝まだき経読む声の冴えまさり　淳
四　金《こがね》をめざす乙女球技《たまわざ》　ヨシ子
五　鍛へきて人は涙を殊とせず　順信
六　止むに止まれぬ熱き思ひぞ　美代子
七　いつしかに長き黒髪乱れけん　泰子
八　籠の枕や香焚きしむる　宜博
九　雷《いかづち》に睦言しばし遮られ　淳
十　川の流れにさせる竹林　千世
十一　宰府道黄花こすもす咲き連ね　勉
十二　神に供ふる新しき酒　順信
十三　西空に有明の月かたぶきて　泰子
十四　杣の苫屋に灯り零るる　由季

（名残折裏）

一　鉄《くろがね》の釜は囲炉裏のかたはらに　順信
二　木枯らしすさぶ音のすさまじ　泰子
三　百鳥の身を寄せ合ひて夜もすがら　由季
四　媼手織りし衣はやはらか　ヨシ子
五　よそほひも新たなる店並《たな》びをり　淳
六　飾る雛の顔《かむばせ》美《は》しき　泰子
七　咲き満ちてたわわに揺る花千房　睦
八　日の本一の弦《いと》ひびく春　ヨシ子

（句上）

中島伊佐子　三　宮﨑由季　六　上畑ヨシ子　六
黒岩　淳　五　高瀬美代子　四　八尋千世　二
中村順信　五　城戸　睦　二　猪本泰子　五
城戸康利　一　有川宜博　三　草地　勉　二

⑥今井祇園連歌の会

宗匠は高辻安親氏の後、有川宜博氏が引き継ぎ、現在は前田賤氏が務めている。拙著『連歌と国語教育』を刊行した際、前田賤宗匠から夏発句でお祝いをしていただいた時の忘れがたい作品。

平成二十四年八月二十六日

大祖大神社
須佐神社社務所会議室

宗匠　前田　賤
執筆　高辻安民

賦片何連歌

（初折表）

一	書《ふみ》なせる高き思ひや蝉時雨	賤	夏
二	なべて育む茂ります宮	淳	夏
三	はるかにも末広がりの雲立ちて	大輔	雑
四	刈入れを待つ稲田のしじま	英輔	秋
五	道々は芒の風となりにけり	喜代子	秋
六	澄みし流れの暮れなずむ川	初子	秋
七	いつしかに齢も若き月の影	由希子	秋
八	旅に出でんと衣ととのふ	ヨシ子	秋

（初折裏）

一	雨ふりて宿の軒下かりにけり	辰也	雑
二	さまよふ犬の足下による	ともこ	雑
三	あくがるる心をつひにとどめかね	一浩	雑
四	榾つぎたして君を待ちをり	泰子	冬
五	積む雪に燃ゆる思ひをかさねつつ	千嘉子	冬
六	きぬにたきしむ形見の香り	君子	雑
七	たらちねの母の留袖だきしむる	浩子	雑
八	端居してただ英彦《ひこ》を見つむる	安民	夏
九	ためらはず裸足で越えしにはたつみ	英輔	夏
十	夏月あかく海面にあがる	ともこ	夏
十一	ながされの枕に夢は重くして	大輔	雑
十二	鶯の声時をり聞こゆ	喜代子	春
十三	村ざかひ苔ふくらむ花の寺	初子	春
十四	ふらここゆらぎ童のはしゃぐ	泰子	春

（名残表）

一	凩にのり紙の飛行機丘を越ゆ	安民	雑
二	せせらぎに浮く笹船もあり	君子	雑
三	たをやかに豊旗雲のたなびきて	英輔	雑
四	行末いかにあなたを憂ふ	一浩	雑
五	かけひきも引くばかりなる戻し文	大輔	雑
六	冷たき汝を腕に抱く	浩子	冬
七	いたづらに恋はすまじや薄氷	賤	冬
八	次の逢瀬は夫婦とならむ	千嘉子	雑
九	神さぶる木立の緑深くして	英輔	夏
十	安芸の宮島ほととぎす聞く	淳	夏
十一	舞姫の昔にならふ佇まひ	由希子	雑
十二	さやかならざる武士の声	ともこ	秋
十三	石垣の斜上《はまへ》に現れし弓の月	辰也	秋
十四	かそけくかかる朝霧のなか	ヨシ子	秋

（名残裏）

一	虫の音も時ふるごとに遠ざかり	一浩	秋
二	荒野をすぐる静かなる凪	由希子	雑
三	庭先にむすぶ雫の早や消ゆる	大輔	雑
四	山峡くだる水のゆたけし	英輔	雑
五	陶を焼く煙ひとすぢたちのぼり	泰子	雑
六	げにときめける霞の衣	浩子	春
七	日もならず京都に花の盛るらむ	君子	春
八	蝶も舞ひ舞ふまほらなる杜	安民	春

（句上）

前田　賤	二	黒岩　淳	二	田島大輔	四
佐藤英輔	五	山下喜代子	二	柳原初子	二
井上由希子	三	上畑ヨシ子	二	末次辰也	二
松清ともこ	三	坂田一浩	三	猪本泰子	三
有坂千嘉子	二	白石君子	三	村田浩子	三
高辻安民	三				

⑦月影連歌〈メール連歌〉

五人でメールを使用して連歌をしている。東京にお住まいの、まだお会いしたことはない連衆の方々と毎日のように句を付け合って楽しんでいる。一ヶ月で百韻を巻くことができた。

月影三十六

平成二十七年　四月五日起首　五月五日満尾

賦二字反音連歌

宗匠　黒岩　淳

執筆　大和素拙

（初折表）

一　花満つる坂や吹き来る風やさし　淳

二　小雨ののちも鳥のさへづり　南天

三　水ぬるむ池のほとりに佇みて　直人

四　今日の首途《かどで》に贈るほほゑみ　素拙

五　行く方はうまし国原さちぞ待つ　路光

六　立ち込めたりし霧の晴れゆく　淳

七　出でやらぬ月をいざなふ山おろし　南天

八　紅葉踏みわけたどる岡の辺　直人

（初折裏）

一　狩終へし勇める駒の連なりて　素拙

二　野に若者の声のとよめり　路光

三　今はただいくさの神を頼むらむ　南天

四　つつがなしやと憂ふ朝夕　素拙

五　去りゆきし君を忘るることはなし　淳

六　袖の涙にうつる面影　路光

七　黒髪の手ざはりまだもしるけくて　直人

八　かへり言をば如何にまつ虫　南天

九　秋ふかみかそけき声もかれがれに　素拙

十　薄が原を照らす望月　直人

十一　葉の末に散りしく露は玉なれや　路光

十二　荒れにし庵もまた面白し　淳

十三　軒朽ちて霞に浮かぶ山の影　素拙

十四　法の声さへ春ののどけさ　直人

（二折表）

一　馬の仔の歩みもおそき奈良の園　淳
二　あしび咲きたる道にそひ来よ　路光
三　ともすれば危ふき淵もあるぞかし　南天
四　二人が仲にうたがひもなく　素拙
五　とはにとて契る言の葉散り果てて　直人
六　身を知る雨に濡るるわびしさ　淳
七　咎ありて旅にしあれば岩枕　路光
八　祈れ老松また還り見む　南天
九　白き浜大海原の広ごりて　直人
十　勇魚すなどる海人の先　路光
十一　み熊野の神の守りぞたのもしき　南天
十二　露霜の天《そら》さわぐ夜烏　素拙
十三　更けゆけば雲消えゆきて月さやか　淳
十四　山辺の里に衣打つ音　直人

（二折裏）

一　防人の夫やいづちの関越えむ　路光
二　かへりみしつつ愛しみ悲しみ　素拙
三　渡されし文を片手に握りしめ　淳
四　待つにつれなく時雨する空　南天
五　ありし日をしのびつ過ぐす世ぞ寒き　路光
六　杖つきめぐる道は荒れたり　淳
七　凌ぎ行く先遥かなる終の家　素拙
八　棲むはいづれの雲水のすゑ　南天
九　鮎はしる吉野の川に遊び来て　直人
十　暮るれば月の影ぞ涼しき　路光
十一　寄り合ひて団扇のゆるる短かき夜　素拙
十二　注がるるままに酒のすすみぬ　淳
十三　花にこそひと歌せめの酔ひのうち　南天
十四　筵の脇に生ふる若草　直人

（三折表）

一　あたたかき陽のふりそそぐ丘の上　淳
二　のどけさ遺し春も逝くらん　南天
三　去る者は追はじと言えどあだ形見　路光
四　つもる恨みを晴らす術なく　素拙
五　紅の涙の淵に沈む身に　直人
六　行く先示す仏尊し　淳
七　卯の花を手向けに願へ法のみち　南天
八　声を合はすや老いし鶯　路光
九　年ふれば目に余ること多かりき　素拙
十　おだし心でこの世すぐさん　直人
十一　稲刈るも育む神のありてこそ　南天
十二　山田の畔にむすぶ夕露　素拙
十三　誰が袖を濡らすや月のあはき影　路光
十四　須磨の浦辺を雁のひとつら　直人

（三折裏）

一　流さるることに慣るるはいつならん　淳
二　思ひはつべき風の吹く方　南天
三　文あれど裂けにし胸を繕はで　素拙
四　かこつ言葉は絶ゆることなし　淳
五　老い故の憂きこといやすすべもがな　直人
六　命婦の猫と寛《ゆた》にひねもす　路光
七　たちまちに犬追ふ庭のかまびすし　素拙
八　降り積む雪にまろぶよろこび　直人
九　咳やまぬ重き病のおこたりて　淳
十　風もをさまり冴えわたる月　素拙
十一　夜をこめて心もそらの出立ちに　南天
十二　木下いこふも許せ関守　路光
十三　散りかかる花を袂にとりおきて　直人
十四　さらに飲み干すうまき白酒　淳

（名残折表）

一　永き日を雛《ひひな》に遊ぶめ子をの子　路光
二　春風ならで訪ひ来るもなし　南天
三　玉梓を又手に取ればせきかねて　直人
四　生くる霊《すだま》となりて恨まん　路光
五　あくがれて夢もうつつもわかぬ身に　素拙
六　など鳴きとよむ山ほととぎす　淳
七　篠木のしげる方こそ怪しけれ　南天
八　消ゆる煙にそそぐ涙よ　直人
九　塩釜の水の門を出づる船急きて　路光
十　ひと筋しるきあとの白波　南天
十一　はやりたつ友に言葉は告げぬまま　淳
十二　いかに過ぐさむもどかしき時　素拙
十三　月読を伏して待ちつる草隠れ　路光
十四　にはかに鳴くは鶉なるらん　淳

（名残折裏）

一　露時雨訪ねし野辺は荒れはてて　素拙
二　すずろ身にしむ笹分けの道　南天
三　夕されば遠き山々影もなし　直人
四　水面しづかに国つうちうみ　路光
五　霞にも行き来の数は帆にみえて　南天
六　緑濃さます青柳の糸　直人
七　光浴び花の紐とく村はずれ　淳
八　なまめく匂ひ苑にこぼるる　素拙

（句上）

黒岩　淳　二十
池田南天　二十
小尾直人　二十
大和素拙　二十
岡田路光　二十

第二章　連歌雑感

一　宗因「いざ桜　われもそなたの　夕嵐」の句

北九州小倉にある広寿山福聚寺は、黄檗宗の名刹である。『北九州市史　近世編』（平成二年）によると、寛文五（一六六五）年、小倉小笠原の初代藩主・小笠原忠真が創建したもので、開山は中国僧の即非如一禅師。天明九年、火災があり、堂舎は尽く焼失。少しずつ再建され、本堂は、銘文から享和二（一八〇二）年に上棟されたことがわかる。慶応二（一八六六）年、長州との戦いで兵火にかかったが、本堂と宝庫は焼失をまぬがれた。

さて、広大な境内の中に、西山宗因（一六〇五～一六八二）の句碑がある。

「いざ桜　われもそなたの　夕嵐」

この句は、『宗因発句帳』（『西山宗因全集第一巻』八木書店・平成十六年）にあり、「西国行脚の時」という前書きがある。短冊の一枚は、神奈川県立図書館飯田九一文庫にある。また、個人蔵の他の短冊が図録『西山宗因生誕四百年記念　宗因から芭蕉へ』（八木書店・平成十七年）に掲載してあり、その短冊には「修行の道にて」と詞書がある。同書の解説にあるように、寛文十（一六七

宗因句碑

七）年二月十五日、広寿山の即非和尚を訪ねて、出家した折の句と考えられる。松江維舟（重頼）の『時勢粧《いまやうすがた》』（寛文十二（一六七二）年自跋）には、次の記述がある。

西山宗因、去ル衣更着《きさらぎ》中の五日、豊前の国小倉広寿山即非和尚其御もとに参りて、

いざ桜我も其方《そなた》の夕嵐

かくいひく〳〵のはてく〳〵は、遁世しけるとかや。あなたうと生ん事頼もしく浦山敷《うらやましく》こそあなれ。彼人《かのひと》もとは肥の後八代《やつしろ》の生れなりしが、二八《にはち》の比《ころ》より連歌の道に心ざし、遥《はるか》にのぼりて京人となり、里村《さとむら》氏の家を尋《たづね》て、学寮《がくれう》あればすなはち入《いる》より、わたり近き予も折ふし毎《ごと》に連歌のちなみ浅からざりし。又万治《まんぢ》の比《ころ》より、誹諧の会合斜《なのめ》ならず招《まねき》まねかれて、京大坂《きやうおほざか》へも打《うち》つれ、いとゞむつまじかりき。うちつけのむかしを思出《おもひいづ》るに、いそぢの春の曙《あけぼの》、秋の夕暮を、あるは一封の書状にたはぶれ、あるはたいめして下の心を静にさゝやきけるに、今は遠き八重《やへ》の塩路《しほぢ》、九重《ここのへ》のうちにいつめぐり来ん。

（古典俳文学大系2『貞門俳諧集二』集英社）

福聚寺

宗因は、「いざ桜」の句を詠んで遁世したと書いてある。この句は、どのような気持ちを表したのだろうか。そのことを考えるには、この句が踏まえている作品を知っておく必要がある。

「新撰菟玖波集」巻十九に「落花の発句に」という詞書で「誘ひてはいざ桜とや夕嵐」という句がある。作者は、後成恩寺入道前関白太政大臣、一条兼良である。この句については、『新撰菟玖波集全釈』第八巻（三弥井書店・平成十九年）の解説が大変参考になる。「夕」に「言ふ」が掛けてあり、句の意味は、「落花を誘う

ように、さあ桜よ散ってしまえ、と夕べの嵐が言っているのであろうか。」と解釈できる。「花を誘う嵐」を詠んだ歌としては、百人一首にも採られている藤原公経の「花誘ふ嵐の庭の雪ならでふりゆくものは我が身なりけり」（入道前太政大臣・新勅撰集・雑）がある。そして、「いざ桜」と呼びかけている歌に「いざ桜我も散りなん一盛りありなば人に憂き目見えなん」（承均法師・古今集・春）がある。宗因の句は、これらの句や歌を踏まえていると考えられる。したがって、次のような意味になるだろうか。

さあ、桜よ、私もおまえの「夕べの嵐」となって散らせよう。私も俗世を離れて仏門に入るので、ともに散っていこうではないか。

二　『去来抄』の「作者心を知らざりける」話

高校の教科書にもよく取り上げられる『去来抄』の有名な一節がある。それは、次の一節である。

岩鼻やここにも一人月の客　去来

先師上洛の時、去来曰く、「酒堂はこの句を、「月の猿」と申し侍れど、予は、「客」勝りなんと申す。いかが侍るや」。先師曰く、「「猿」とは何事ぞ。汝、この句をいかに思ひて作せるや。」去来曰く、「明月に乗じ山野吟歩し侍るに、岩頭また一人の騒客を見付けたる」と申す。先師曰く、「「ここにもひとり月の客」と、己と名乗り出づらんこそ、幾ばくの風流ならん。ただ自称の句となすべし。この句は我も珍重して、『笈の小文』に書き入れける」となん。予が趣向は、なほ二、三等もくだり侍りなん。先師の意を以て見れば、少し狂者の感もあるにや。退いて考ふるに、自称の句となして見れば、狂者の様も浮かみて、はじめの句の趣向にまされる事、十倍せり。誠に作者その心を知らざりけり。

『新編日本古典文学全集88　連歌論集　能楽論集　俳論集』（小学館・平成十三年）

去来が、岩の上に一人の風流人を見つけて「岩鼻やここにもひとり月の客」という句を詠んだのであるが、芭蕉は「ここにも一人月の客がいるぞと名乗り出ると、かなり風流な句となる。自称の句とすべきだ」と言った。言われて去来は「誠に作者その心を知らざりけり」と感嘆するのである。

初めて、この文章を読んだとき、とても違和感があった。自分と似たような風流人を見つけて「ここにもひとり月の客」と詠んだのに、自分が名乗り出た句にした方がいいと言われて、なるほど、先生のおっしゃるとおりだと納得しているのである。

しかし、連歌をするようになって、この去来の思いに、あまり違和感を感じなくなってきた。連歌において、自分が出した句を、どのように解釈されるかは、句を付ける人にゆだねられていることを、強く実感するからである。連歌においては、作者の意図を離れて、付句により内容が大きく展開していく。誰も思いつかないような展開をした方が、かえって望ましいこともあるのだ。

私達は、文章表現においても、短歌や俳句においても、作者が言葉を自由に使いこなしていると考えがちであるが、言葉は作者の意図を離れて他者に伝わっていくことも往々にしてある。そして、それは、時に作者自身に驚きや感嘆をもたらし、言葉の力を実感させる。そんな言葉の力を改めて感じさせてくれるのが、連歌であり、この『去来抄』の一節だと言える。

三　狸に笑われた連歌する男——建部綾足『折々草』の一節——

岩波の『図書』一九九四年二月号を読んでいた時のことである。中村禎里氏の「筑豊　河童の旅」という文章の中の次の一節が目に留まった。

『漫遊記』には、連歌の集まりで、ある男が句をつけずに考えあぐんでいると、狸が「ハハ」と笑ったという話がある。

私は大変興味深く感じ、是非、原文を読みたいと思いつつ、そのままでいた。この『漫遊記』という書物は、建部綾足《たけべあやたり》（一七一九〜一七七四）の文集である『折々草』から、綾足没後に十七話を抜き出して、手を加えて再編集したものであることを後で知った。『折々草』は、『日本随筆大成』（第二期　第二十一巻）にも収録されているが、岩波の新日本古典文学大系『本朝水滸伝　紀行　三野日記　折々草』の方が、注釈もあるので読みやすい。新大系本の注釈者は高田衛氏である。さっそく読んでみると、予想通り面白い話であった。

題は、「連歌よむを聞て狸の笑らひしをいふ条」である。話の舞台は、武蔵国秩父郡、鉢形。ある寺に人々が集まり「連歌《ツラネウタ》」に興じていた。連歌といっても、江戸という時代を考えると俳諧連歌のことと考えるのが良いだろう。時は、師走。寒い夜である。「夜ごもりによむべしとてつどひたるに、朝烏の鳴てわたらむまでは退き侍らじ」とあり、夜を徹して連歌に興じようとしている様子も読みとれる。

さて、狸に笑われることになる「口おそき男」に注目しながら話の内容を確認してみたい。彼はなかなかうまく句を詠むことができず、あれこれ考えあぐねているうちに、「めぐり」は遅くなり、夜も更けいっそう寒くなってゆく。ついには「今宵は一折でやめようか」と中止を申し出る者さえ出てくる。「二のおもての折をよみかけて、又一めぐり二めぐりつぎゆくに、かの男の場に当りてかうがへ入けるが」とある。早く思いついた者が句を出していく「出勝」ではなく、順番に詠んでいく「膝送り」で行っていたのであろう。

ところで、私の参加している行橋市須佐神社の連歌会では、発句以下最初は一巡、つまり全員が一句ずつ句を詠むのであるが、自分が句を詠まねばならぬ場で、なかなか句が思い浮かばないときは、焦って手に汗にぎる思いをすることになる。時間はどんどん経過する。他の人を待たせていると思うとそれがプレッシャーとなり、頭に血が上り、いよいよ創作できなくなってしまうのである。

本文では、そのような心情は描写されていないが、「口おそき男」もおそらくそうだったのではないかとついつい推測してしまう。そして、二の表で順番が廻ってきたとき、彼は同じように考えあぐねてしまう。その間に、待ちかねて居眠りをし始める者や、「ゆばり」に立つ者が出てくる。

「丑二つ」のころになり、「夜嵐いと寒く吹わたる音」がする、そんな時、どこからともなく「は丶」という老たる笑い声が聞こえてきた。はじめは誰かが次の間から笑っているのだろうと思っていたところ、次第に笑い声は大きくなり、それも高い声で笑うので、皆怪しいと思い始める。声はどうやら火桶の下から聞こえてくるらしい。狸であろうか、狐であろうか、とにかく正体をつきとめようと火桶を取ってみると、犬のような真っ黒い獣が飛び上がり、火を吹き消して、寺の本堂へ走って逃げていった。

その時、「口おそき男」は、どう思ったか。「化物に笑はれつる事のいとくやしき。おのれ朝にならば此報《ムクヒ》せむ。友がきちからをくはへてたべ」と言う。よほど、悔しかったのであろう。自尊心の高い男と思われる。

夜が明けて、本堂の方を探すと、なんと仏様が「は丶」と大声でお笑いなさる。人々は驚き、臆病者は逃げ去り、気の強い者は近づいて見ようとする。幾度も大声で笑うので、化物だと判断し、長い竿で打とうとすると、仏像の螺髪《らほつ》部は、黒い獣と変わって逃げ失せた。

後で仏像を確認してみると、手には「いと臭き」糞がしてあり、頭の上には「ゆばり」がたれかけてあった。狸のしわざということになったが、なんともとんでもない狸である。

結局、かの「口おそき男」は、「口おそきこと」が有名になり、そのことの悔しさから連歌を詠むことを止めてしまうことになる。自尊心を傷つけられて、屈辱的な思いから連歌から離れてしまったのである。

「口おそき男」は、本当の連歌の楽しさがわかっていなかったのかもしれない。謙虚な気持ちで、参加していたら連歌を止めることもなかったのではないか。そんなことを考えてしまう。

あまりに真剣に取り組んでいたが故に、狸に馬鹿にされ、許せなかったのであろう。狸に翻弄されている様子が戯画化され、そこにユーモアが漂っている。

四　里村玄川墓詣記

平成二十六年二月八日（土）、行橋市民会館の別館二階で、連歌企画委員会を終えた後、里村玄川《げんせん》の墓がどこにあるか有川宜博氏や前田賤氏に尋ねていると、行橋市教育委員会文化課の中原博氏が、案内してくださることになった。私は、次頁の下に掲げた玄川の掛軸や、短冊を所持しており、また、ちょうど北九州市立中央図書館蔵の『玄川句集』（外題は「里村句集」となっている）を調べている最中で、気にもなっていたので、高揚しながら、中原氏の車の後に付いて、車を走らせた。前田氏、松清ともこ氏も別の車で現地へ向かった。

里村玄川（元文二（一七三七）〜文政元（一八一八）年）は、幕府連歌師であった。『俳文学大辞典』（角川書店・石川八朗氏執筆・平成七年）によると玄川は、

「里村昌逸門。豊前国宇佐の修験者神刀院秀峰の息。天明八年頃、里村玄台の跡を継いで柳営連歌に列し、文化六年まで務めた。以後は豊前に住んだが、佐渡などへしばしば旅をして、連歌を指導。同八年に『老《おい》の玖理言《くりごと》』を上梓。寛政四年以後、没年までの発句集『里村玄川句集』（北九州市立中央図書館）がある。」

この『玄川句集』については、石川八朗氏が行橋市須佐神社発行月刊誌『ぎおんさん』昭和五十四年十一月号（第五十六号）から二十回にわたって紹介されている。

玄川が佐渡に渡り、連歌を教えていた時のことについては、大野温于氏によって調査・研究がなされ、『佐渡羽茂の連歌』（羽茂郷土叢書　第三集・羽茂町教育委員会・平成六年）として刊行された。

また、文化三年の旅日記『吾妻路の日次』が、大分県宇佐市四日市の渡邉家にあり、中島三夫氏によって翻刻され、玄川の息である玄碩《げんせき》の『奥州紀行』とともに、『埋もれていた豊の古典　第二集　奥州紀行』（平成三年）として刊行されている。

さて、その玄川の墓があるのは、行橋市延永《のぶなが》のビワノクマ古墳の奥と

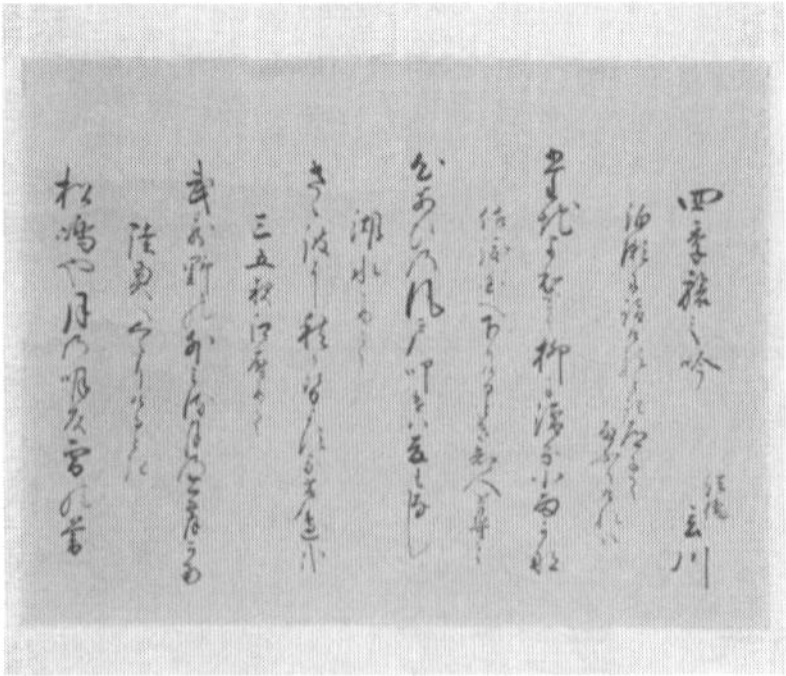

掛軸「四季旅之吟」（筆者蔵）

四季旅之吟　法橋　玄川
泊瀬に詣けるとき道にて
雨ふりければ
たちよりて柳に濡る小雨かな
佐渡国へ下りけるとき知人を尋て
心あひの風戸叩けは夏もなし
湖水にて
さゝ波に秋かせよする芦辺哉
三五夜江府にて
武蔵野の外みる月の今宵かな
陸奥へくたりけるとき
松嶋や月の明仄雪の暮

いうことであった。古墳の麓で車を降りる。古墳は墓地となっており、急な坂道を登る。ビワノクマ古墳は、福岡県の文化財に指定されており、説明書きによると、この古墳は標高二十五メートル前後の独立丘陵上に立地する、直径二・五メートル、高さ約四・五メートルの円墳で、昭和三十（一九五五）年、墓地造成工事中に発見され、発掘調査が行われたとのこと。埋葬施設は、長方形の竪穴式石室で、そこからは、銅鏡1、硬玉製勾玉1、ガラス小玉51以上、太刀1、鉄剣1、鉄鏃19などが出土。石室の構造や副葬品から、五世紀前半に築かれた当地域の有力者の墳墓と考えられるそうである。

古墳の横を通り、奥へと向かう。丘陵の上にずっと墓が立ち並んでいる。山本家の墓地だそうである。百メートルくらい歩いただろうか、丘陵の端、江戸時代の墓が立ち並ぶ中の一つを、中原氏が指して、あれが玄川の墓だと言う。五十センチぐらいの高さだろうか、まず横面「京都御連歌師」の文字が目に入る。正面には、「種心斎法橋翁玄川大徳」と彫られている。別の面には、没年が彫られているようであったが、最初の「文」の字以外はよく読めなかった。『俳文学大辞典』には、文政元年七月二十二日没とあるので、そのように彫られているのだろう。

前田氏は、三十年ぶりに訪れたということであった。三十年前の夏、故高辻安親宗匠と玄川の墓を探していて、なかなか見つからなかったが、高辻氏が暑いので背広を脱いで何気なく掛けたのが、玄川の墓だったと懐かしそうに語ってくれた。

感慨に浸りながらしばし玄川の墓を見て、引き返した。帰りは古墳の上の方まで登ってみた。丸く囲むように、戦没者の墓が建てられている。東の方は見晴らしがよく、遠くまで見渡せた。

玄川墓「京都御連歌師」

お墓に詣でることができ、玄川がさらに身近に感じられてきた。

松契多春　とことはのみとり深めて幾千代の春をちきりの宿の松か枝　玄川

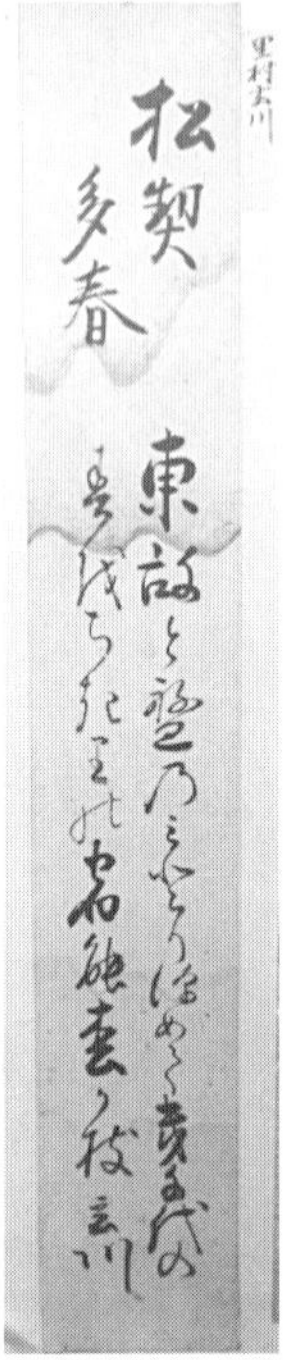

一巡箱に書付侍りける　花にめくり月に嘯く山路かな　法橋　玄川

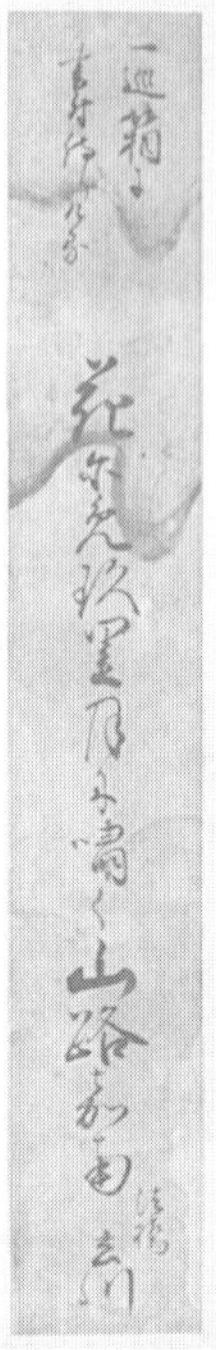

（筆者蔵）

玄川墓

五　土岐善麿の父、善静と連歌

土岐《とき》善麿《ぜんまろ》（明治十八（一八八五）年〜昭和五十五（一九八〇）年）といえば、歌人として、また評論家として多彩な業績をあげたことで知られている。明治四十三（一九一〇）年に哀果の名で『NAKIWARAI』を出版、この歌集はローマ字綴りの三行書きであり、石川啄木の三行書きに影響を与えた。善麿は、啄木と親交を深め、啄木の死後も、遺族を助け、啄木を世に出すことに努めた。また、戦後は、国語審議会会長を歴任し、評論活動や新作能の創作なども行い、著作も多い。

私が平成十四年から十九年の春まで五年間勤めていた福岡県立門司北高等学校（門司北高校は、創立一〇一年を迎えた平成二十一年に閉校した。門司高校と統合され、門司学園高校となった。）の校歌の作詞者が土岐善麿であり、その時から身近に感じている。その校歌を紹介しておきたい。

旭が丘みどりにあかに
いのちはかゞやく希望の天地
歴史を語れば雲たゆたい
世界を思えば潮騒近し
あゝ古城山よ周防灘よ
若き日のあこがれとともにあれ

道正しく高きに立ちて
新たに究むる自由と真理
時代の進みをみずから知り
親しく誓えば友情深し
いざ心も身も力強く
大いなる喜びを保つべし

郷土の栄えと誇りを負いて
われらここにあり門司北高校

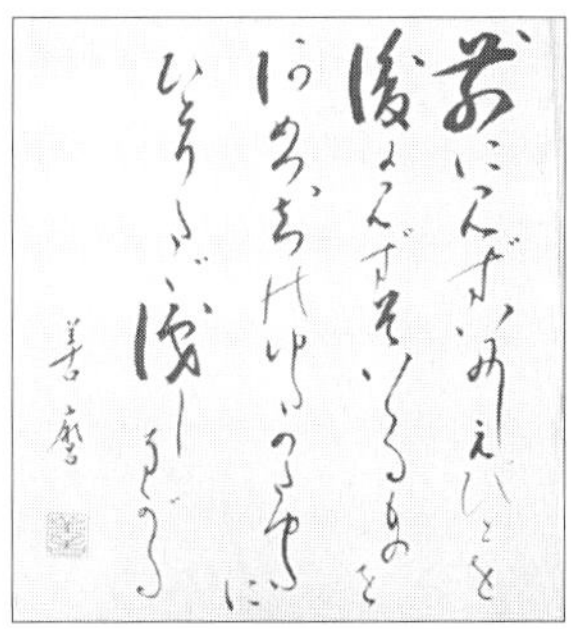

（筆者蔵）

前に見ずいにしえびとを
後に見ずそいくるものを
あめつちのゆたかたゆたに
ひとりたゞ涙しながる
善麿

鞠投げて独逸の俘虜は遊べども
われの心は遊ぶひまなし　哀果書

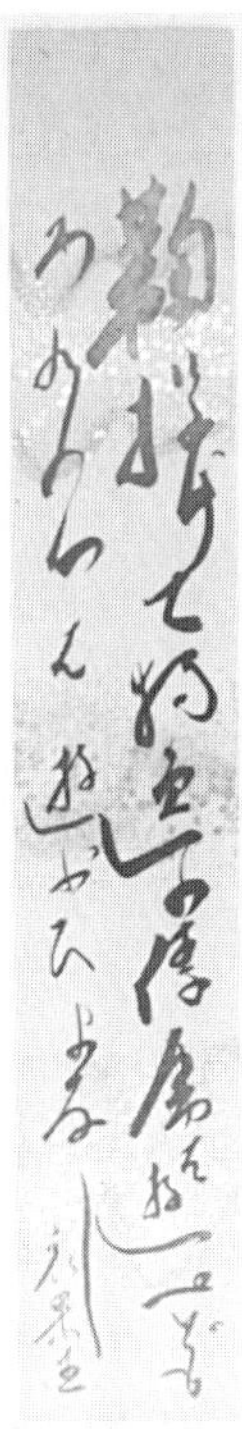

（筆者蔵）

その後、色紙や短冊を家蔵することができた。短冊「鞠投げて独逸の俘虜は遊べどもわれの心は遊ぶひまなし」の歌は、大正六年刊の『心遊ばず』に収録されており、それには「浅草本願寺境内」と詞書がある。

さて、善麿は、『春野』（八雲書店・昭和二十四年）の中で、中学時代を回想して次のように書いている。（一五六頁）

父の書斎、「大戸棚」と呼んでいた本堂の二階の書庫、そこにあるものを手当り次第に読むようになつたのは、中学にはいつてからのことで、和本の古事記伝、日本書紀、令義解などというものが今でも眼にうかぶ。その古事記伝だけは、わからないながらすつかり読んだのだが、大学の過程にはいつてからは外国文学ということに気をとられて、古事記などはかえりみもせず、父の死後、それらの和本類を売り飛ばしては丸善にかよつた。万葉集はじめその他の国文学書も相当体系的にそろつていたはずであるが、関東大震災のとき、すつかり焼けてしまつた。父が柳営最後の宗匠として指導や研究にもあたつていた連歌の方の参考文献ならびに記録類も、調査の機会をなくしてしまつて、中学時代の恩師である福井久蔵先生に叱られたのは、まつたく恐縮のほかはない。

柳営最後の宗匠であったという土岐善麿の父とは、どのような人物であったのか。『講談社　日本人名大辞典』（講談社・二〇〇一年）の解説には、善麿の父である土岐善静《ぜんじょう》について次のように記してある。

一八五〇〜一九〇六。明治時代の連歌師。嘉永三年生まれ。土岐善麿の父。もと浄土真宗の僧。晩年東京浅草本願寺内の等光寺に隠居した。和歌、俳句、茶道、書道などにも通じた。明治三九年六月五日死去。五七歳。俳号は寂羅坊湖月。別号に不及庵、麦林居、広石など。

明治以降、連歌は衰退していったと考えられている。新しい西洋文明が押し寄せる中、それでも連歌を大切に思っていた人達がいたはずである。土岐善静もその一人だったのではないだろうか。どのような指導や研究をしていたのか、気になっている。

【参考文献】山崎敏夫「連歌と短歌――土岐善麿と土岐善静――」『近代詞花の論』（山崎敏夫先生喜寿記念会・昭和五十二年）所収。

六　寺山修司「マッチ擦る……」の連歌的要素

高校の教科書にもよく掲載されている寺山修司の短歌「マッチ擦るつかのま海に霧ふかし身捨つるほどの祖国はありや」は、一九五七年に出版された作品集『われに五月を』の「祖国喪失」と題された一連の中にあり、さらに翌年に刊行された『空には本』にも収められている。この歌は、三句切れであり、連歌の付けを思わせる。故高辻安親宗匠がそんなことを話されていたことを思い出す。

　マッチ擦るつかのま海に霧ふかし

　　身捨つるほどの祖国はありや

夜、波止場であろうか、暗闇の中、煙草に火を点けようとしてマッチを擦ると、火が付いている僅かの間、海に霧が深くかかっているのが見えたという上の句。身を捨てるほどの祖国はあるのだろうかという下の句。「身捨つる」という言葉は、戦時中に亡くなった先人を思い起こさせる。「お国のため」自ら命をかけて戦った多くの兵士たち。中には、特攻隊の兵士として敵艦に突っ込んでいった若者もいる。

上の句と下の句との間には、一見内容的に飛躍があるように感じられる。しかし、よく味わってみると、「霧ふかし」が比喩的な意味をもって感じられてくる。「祖国」の行末が、霧に覆われているようで、はっきりしない。これからこの国はどうなって行くのだろうかという不安な気持ちが感じられてくる。

連歌の付けというのも、かくありたいと思う。前の句と内容的にあまりに近すぎる付けは、「べた付け」といってよくない付けだとこれも高辻安親宗匠がよく言われていた言葉である。前句を生かす付けがいいのであるが、一方で、新しく展開していかなければならないのが連歌である。

寺山修司のこの歌を見ると、高辻安親宗匠のことが思い出されるのである。

七　光の海を思い浮かべつつ

私は、山口県光市で生まれ幼少期を過ごした。夏になると、母に連れられ毎日にように室積の海で泳いだ記憶がある。光井小学校の時は、友人とともに漫画を描くことに熱中していた。

小学校四年の時、父の転居により北九州市の八幡に移ったが、祖父母が戸仲にいたので、正月など時々光に行っていた。二人の息子が幼い頃は、一緒に海水浴をしたり、釣りをしたりして、光の豊かな自然を満喫した。祖母が平成二十一年に亡くなり、約一年後祖父も他界した。寂しい限りだが、叔母が二人健在なので、また機会を見つけて訪ねたいと思っている。

光市の海を思い浮かべながら独吟三句を試みた。

輝ける光の海や年新た

松の並木にかよふ初風

雲のなき空高々と鳶舞ひて

【付記】

山口県光市の新聞社『瀬戸内タイムス』から、平成二十六年の正月に掲載する記事の原稿依頼が届いた。小学校時代の恩師、原田慶子先生が推薦してくださった由。その時に掲載してもらった記事にもとづいている。

第三章　図書紹介

①『よみがえる連歌――昭和の連歌シンポジウム――』（海鳥社）

今日、連歌は、「静かなブーム」になっている。福岡県行橋市の須佐神社では、夏の祇園祭の奉納連歌の他に、毎月連歌の実作会が開催されている。大阪杭全《くまた》神社では、浜千代清宗匠没後、島津忠夫・鶴崎裕雄・藤江正謹・光田和伸の各氏が交互に宗匠を勤める月次《つきなみ》連歌会が催されている。さらに、岐阜県郡上市大和町の明建《みょうけん》神社、岐阜県揖斐郡揖斐川町瑞巌寺においても連歌が巻かれ、大阪の朝日カルチャーセンターに連歌の講座ができるまでに至っている。（注）

島津氏によると、その引き金になったのが、昭和五十六年十一月二十二日に、須佐神社で行われた奉納連歌シンポジウムであった。全国から連歌に関心を持つ専門家や、奉納連歌を受け継いでいる地元の人を合わせた約百二十人が参加し、連歌に関する講演と討議が行われたのである。さらに、翌二十三日には金子金治郎氏の発句で始まる歌仙連歌が巻かれたのであった。

この貴重な連歌シンポジウムと実作の記録が、一冊の本として刊行された。平成十六年の国民文化祭・行橋連歌大会の主資料として、その重要性が再認識されたがゆえ、国民文化祭行橋市連歌企画委員会によって編纂され、刊行されたのである。内容は以下の通りである。

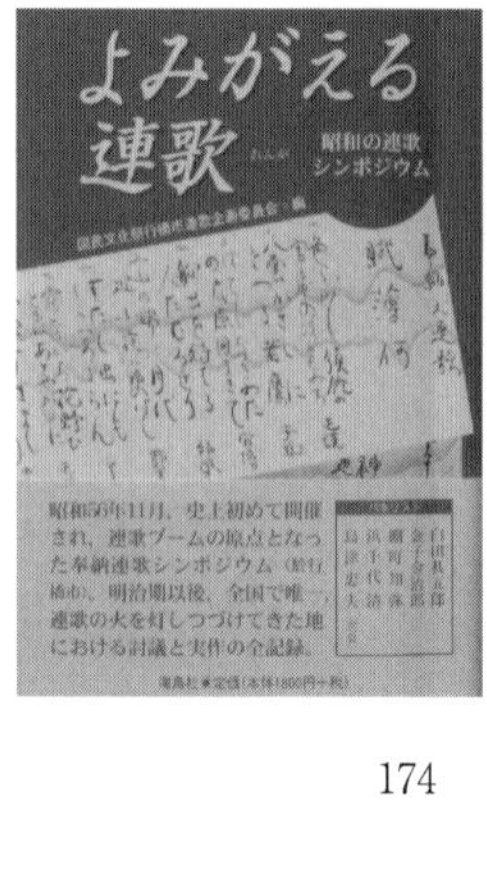

【講演】連歌をめぐって

浜千代清氏は、かつて山田孝雄氏のもとで連歌実作をされた経験がある。講演では「連歌」と「俳諧」の違いについて述べられている。須佐神社の連歌作品が、俳諧的要素を多分に含んでいるという現状があったので、現代の連歌を考える際、俳諧との違いをどのように考えていくかが、シンポジウムでも重要なテーマであった。浜千代氏は、「経済至上主義の社会」である今日、法楽連歌の精神を再認識することに意義があるとする。もともと連歌は「神仏に国土安穏・万民和楽を祈る使命を持ち、また連衆の雅遊によって神仏を慰め奉る文芸」であった。この法楽の精神が、現代の俳諧と連歌を画する重要なポイントになると指摘している。

また、連歌の形式として、歌仙にかわる世吉形式を提唱されている。式目に関しては、外来語を四十四句のうち五句までにしてはどうか、時事用語など刺激の強いものもやはり制限すべきだと具体的な提案をされており、今後の連歌創作の指針となるように思われる。金子金治郎氏は、連歌・連句の根源としての中世連歌の輪郭を説明した上で、現代の連歌に関わる問題を取り上げておられる。

制作の場における朗読のあり方についての指摘は、特に興味深く感じた。金子氏によると、連歌制作の場では、朗読によって発表し、朗読の中で句をイメージし、享受し、そして付句を案じるのであり、朗読によって句はその細部まで生かされるということである。たとえば懸詞の二重表現が快く印象づけられるのも朗読なればこそであり、朗読が基本なのである。改めて、連歌における声の重要性を認識させられた。

また、表現方法について、それは付合と行様という、互いに矛盾する二つの方法に要約されるとされ、「付合は、前に付けて一つの小世界を構成しますが、行様は、前々句の打越から離れて別個の世界へ移行します。この『付く・離れる』という矛盾する機能を同時に実現するのが一句の表現となります」と説明されている。連歌の本質に関する指摘は大変参考になる。

【討議】現代の奉納連歌

討議のパネリストは、島津忠夫、金子金治郎、臼田甚五郎、棚町知弥、浜千代清の五氏である。島津氏が司会を担当されている。最初にパネリストから講演の補足などの話があった後、会場から質問を受ける形で進行していった。その中で浜千代氏は、表現はできるだけ古典主義の伝統を受け継いで、表記も歴史的仮名遣いにするのがよかろうと提案されている。

また、金子氏は、次のことを講演の補足として提言されている。まず、付合を強化すること。次に、四季の句を全体の五割くらいは確保したいということ。そして、連歌に真の活力を与えるため人間を掘り起こしていくこと。最後に、風格を保つということである。連歌で使用すべきでない言葉については、「第一には野卑な言葉。性的なお笑い言葉の類。第二には、俗世の常用語や漢語的な言葉。第三は、謎かけや懸詞で卑猥を暗示するもの」と具体的に示されている。

現代ではどんな連歌が可能なのかという問いかけに対して、金子氏は、どんな場合でも「有心」が基本になるとする。この言葉は「人間性」と置き換えてもよく、「単なる人事ではなく、その底に流れる人間の哀れさ」であると説明されている。

【連歌実作】奉祝連歌を巻く

歌仙連歌実作の宗匠は、当時梅光女学院大学教授であった池田富蔵氏がつとめた。執筆は、浜千代清氏である。実際の連歌がどのようにして巻かれていくかということを理解する上で、大変貴重な記録となっている。まず、句の出し方と受け方が確認されている。句の作者が最初の五文字あるいは七文字を言うと、執筆がそれを復唱する。そのあと、作者が後の「七・五」あるいは「七」を言うと、執筆が「五・七・五」あるいは「七・七」を全部吟じるのである。そして宗匠と相談して、よければ懐紙に書いて、もう一度吟じる。採られた句は、二回吟じることになるのである。次々と句が出されるが、差し障りがあり採択されなかった句もある。どこが不都合なのかということが具体的にわかる点も有益である。

（参考）「昭和のご造営」奉祝連歌

賦初何

一　道をおこす宮居新し冬の森　金治郎
二　紅葉の色も冴えまさる今　安親
三　晴れわたる海鳴り遠く響きさて　富蔵
四　客人を待つをとめはなやぐ　甚五郎
五　くまもなき月中空に鳥の数　綏
六　虫の音しげき丘のへの家　忠夫

（以下略）

【付論】連歌はよみがえりえないか

全国で唯一、享禄三（一五三〇）年から四百七十年以上も連綿と続けられている今井須佐神社の奉納連歌について、宮司の高辻安親氏が詳しく論じられている。この今井祇園連歌だけが残った理由の一つとして、氏子主体の奉納連歌であったことを挙げられている。また、実際に連歌を詠もうとする時の問題点や留意点も具体的に示されており、実作する者にとっても大変参考になる貴重な論考である。

金子氏は、講演の最後に次のように述べられている。（六〇頁）

この時期に当たって、四五〇年の間、連歌を守り続けてこられた当社が果たすべき役割には、重いものがあると思います。なんといっても連歌は連句の原型でありますから、どんな時でも連歌に立ち返って、連歌に学ばなければなりません。当社の連歌がいよいよ盛んに行われ、世の期待に応えられますよう祈ってやみません。

この言葉をしっかりと受け止め、連歌研究と連歌創作に精進していきたいと思う。現代において連歌がますます発展することを願いつつ、本書を紹介させていただいた。

（四六判・二一五頁・二〇〇三年・海鳥社刊・定価一八〇〇円＋税）

注

現在、連歌会は更にひろがり、太宰府の神縁連歌会、京都連歌の会、三重連歌の会、山口連歌の会、松山のにぎたつ連歌会、八代連歌会など全国各地で連歌会が催されている。

鶴﨑裕雄氏「連歌復興現代史　昭和五十六年～平成二十二年」『平野法楽連歌――過去から未来へ――』（和泉書院・二〇一一年）

②『平成の連歌　第二集』今井祇園連歌の会（編）

行橋市の須佐神社では、今井祇園祭の一環として享禄三年より欠年なく奉納連歌が行われている。この連歌を守り育てることを目的に、広く愛好者に門戸を開いているのが、今井祇園連歌の会である。平成九年に宮司の故高辻安親宗匠のもと、奉納連歌や連歌の会の作品をまとめた『平成の連歌』（第一集）が刊行された。（注）その後に巻かれた作品等が、このたび、第二集として刊行されたのである。内容を紹介したい。

発刊に当たり　　会長　猪本泰子
今井祇園連歌の会について　　宗匠　有川宜博
今井百韻次第
高辻家襖貼付懐紙百韻（高辻・浜千代両吟百韻）

奉納之連歌（福島家・熊野神社・須佐神社・浄喜寺・車上）
　平成十年〜十二年
　［参考資料］昭和四十九年〜六十二年
連歌の会
　月次作品　平成九年〜平成二十三年
　　牡丹花連歌・七夕連歌・お月見連歌
作者紹介
賦物・発句・脇句・挙句一覧
エッセイ
連歌の会規約
あとがき　　　　　　　　前会長　上畑ヨシ子

エッセイの欄には、大阪大学名誉教授の島津忠夫氏や歌人の筒井紅舟氏、帝塚山学院大学名誉教授の鶴﨑裕雄氏の文章も掲載してある。郷土に息づく伝統文化である連歌を、多くの方に知っていただき、本書を通して連歌の輪が更にひろがることを祈念する次第である。

連絡先　須佐神社社務所　　電話　〇九三〇―二二―六九三二
（B５判・二七一頁・平成二十三年十月一日・定価二八〇〇円＋税）

注
『平成の連歌』（第一集）は、妹尾好信氏に紹介していただいた。

〈図書紹介〉「須佐神社・連歌の会編『平成の連歌』（須佐神社・連歌集1）」『古代中世国文学』第十一号（広島平安文学研究会・一九九八年）

③『連歌集　竹林の風』筒井紅舟（編）

編者の筒井《つつい》紅舟《こうしゅう》氏は、平成十年に連歌集『市女笠』（角川書店）を出版され、平成二十五年に、第二連歌集『竹林の風』を刊行された。

筒井紅舟氏は、京都連歌会をはじめ、多くの連歌会で宗匠を務められており、平成十六年に行橋で行われた国民文化祭連歌大会においても、宗匠の一人として大会の成功に大きく貢献された。また、歌人として、さらに裏千家茶道正教授としても活躍されており、紅舟美術館紅林文庫館長も務められている。

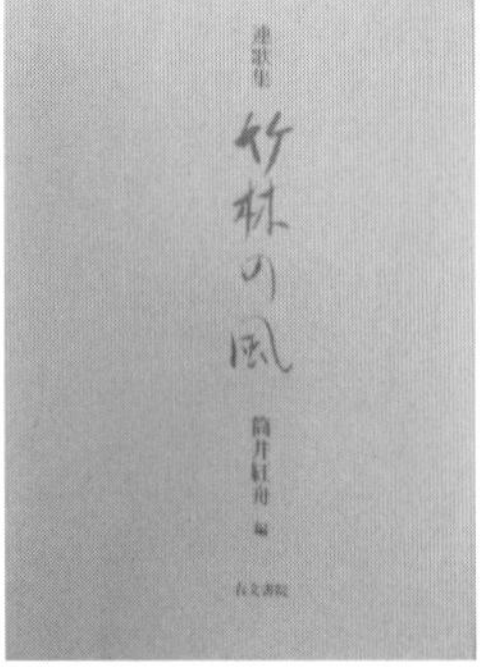

『竹林の風』には、七賢連歌の作品八巻、故濱千代清氏と筒井紅舟氏との両吟他十一巻に「三つ物」六作品が収録されている。「あとがき」によれば、七賢とは、平成十四年に開催されたふくおか文芸祭連歌大会で宗匠を務められた有川宜博氏、島津忠夫氏、高辻安親氏、筒井紅舟氏、鶴﨑裕雄氏、藤江正謹氏、光田和伸氏の七人。平成十六年の第一回張行直前に高辻氏が不参加となり、筒井柏全氏、堀江倖世氏が加わるようになったそうである。

この七賢連歌をはじめとし、収録されている連歌作品は、現代の各連歌会で宗匠を務められている方々の作品であり、現代連歌の模範とすべき作品と言うことができる。連歌を学ぼうとする人たちの手本となる貴重な作品集と言える。

また、行橋市須佐神社の今井祇園連歌の会の宗匠を務めてこられた故高辻安親氏と有川宜博氏のお二人と筒井紅舟氏の三人が詠まれた「小野三吟」も収録されている。行橋連歌の再興に尽力された方々の作品に接することができることは、地元で連歌に携わる者にとっても実にありがたいことだと思う。

本書を通して、多くの方に格調高い連歌のすばらしさを感じていただき、連歌を巻く方には、目指すべき作品として味わうことを、お勧めしたい。

（Ａ５判・一四四頁・平成二十五年二月二十一日・右文書院刊・定価三五〇〇円＋税）

④『あなたが詠む連歌』東山茜（著）

行橋市では、連歌大会が毎年開催されており、十年以上になる。中学生高校生の座も設けられ、毎年、多くの若者が連歌を楽しんでいる。その連歌大会の実作の様子を詳しく綴った本が刊行された。筆者の東山茜氏は、フリーの編集者として、書籍の編集及び取材・執筆活動を行っている。本書は、連歌とは何かということについての説明も詳細で、連歌を実作する上で大変役立つ。多くの方にこの本を手にしてもらい、連歌会に参加していただきたく思う。

内容は以下の通りである。

1部　連歌を理解する
　1章　連歌の構成
　　1　連歌は独立した句の集まり
　　2　句と句をつなぐ

3　懐紙の使い方
2章　季節と句材
1　季節
2　恋の句と述懐の句
3　句材の分類
3章　句数と句去り
1　句数
2　句去り
4章　式目の適用例
5章　「付く」と「離れる」
1　二者関係でとらえる：付合
2　全体を見渡す：行様
3　ポイント的に使う：一座何句物
6章　連歌会はこんなところ
1　実際の進行
2　句を詠もう
7章　連歌の効用
2部　連歌を実作する
初折表　初折裏　名残表　名残裏
3部　連歌を詠むためのウォーミングアップ
（四六判・一六六頁・二〇一三年一月二十五日・あいり出版刊・定価一五〇〇円＋税）

⑤『連歌と国語教育——座の文学の魅力とその可能性——』黒岩　淳（著）

拙著の紹介。行橋市須佐神社の今井祇園連歌の会に参加して二十年以上になるが、毎回、楽しさを感じることができる。その面白さを折に触れて綴ってきた。また、授業に取り入れられないかと思い試みてきた。それらをまとめたのが本書である。大変拙いものであるが、連歌の輪が広がればと思っている。目次は以下の通り。

（Ａ５判・一八九頁・平成二十四年八月一日・溪水社刊・定価二五〇〇円＋税）

【付記】

鶴﨑裕雄先生に本書を二度も紹介していただいた。

「黒岩淳氏の『連歌と国語教育』」連句誌『れぎおん』79号（二〇一二年秋）

短詩文漫念筆47「黒岩淳氏の国語教育」『やどりぎ』七一二号（平成二十四年十一月号）

町田守弘先生に国語教育雑誌に紹介していただいた。

「新刊紹介」『月刊国語教育』二〇一二年十二月号（日本国語教育学会編）

深沢眞二先生に御著書の中で紹介していただいた。

『連句の教室』二二一頁（平凡社新書・二〇一三年）

綿抜豊昭先生に御著書の中で紹介していただいた。

『戦国武将と連歌師』二二二頁（平凡社新書・二〇一四年）

いずれも過分なるお言葉で紹介していただき、感激した次第である。

⑥連歌を「よむ」ための読書案内

連歌とは、数人が集まって五七五の長句と七七の短句を交互につなげていく日本の伝統文芸である。私は行橋市にある須佐神社の連歌会に参加しており、通常は、月一回、日曜日の午後一時から約五時間かけて世吉《よよし》形式で四十四句詠み継ぐ。句をつないでいく中で、思わぬ展開をすることもあり、実に面白く、参加するたび時が経つのも忘れて興じてしまう。ぜひ多くの人にその楽しさを知ってほしいと思っているので、連歌を読んだり、味わったり、また参加して句を詠んだりする時に参考になる本を紹介したい。

最初に読む本としては、『連歌とは何か』（綿抜豊昭・講談社選書メチエ）、『連歌入門』（廣木一人・三弥井書店）などがお勧めだ。『あなたが詠む連歌』（東山茜・あいり出版）は、行橋市の中学生高校生が連歌を詠んでいる連歌会の様子が紹介されている。連歌には、式目とよばれるルールがあり、その理解が最初は難しく感じられるかもしれない。式目については、『宗祇』（小西甚一・筑摩書房・日本詩人選）の中にも説明がある。新潮日本古典集成『連歌集』（島津忠夫）の解説や『三吟集　うばつくば』（鶴﨑裕雄他・和泉書院）の解説も参考になるだろう。『つける――連歌作法閑談――』（新典社新書・鈴木元）は、「付ける」という行為の考察を通して連歌の本質に迫っている。

行橋市の須佐神社は、享禄三（一五三〇）年から奉納連歌が連綿と行われており、行橋では、若者の間でも連歌が盛んになってきた。毎年、県民文化祭で中学生高校生が連歌を詠んでいる。今日、連歌の輪は全国的に広がりつつあり、その連歌ブームの原点と位置づけられているのが、昭和五十六年に須佐神社で行われた奉納連歌シンポジウムである。その記録は『よみがえる連歌』（海鳥社）として刊行された。平成十六年に開催された国民文化祭・行橋連歌大会については『現代と連歌』（海鳥社）として記録がまとめられている。また、行橋市今井祇園連歌の会の連歌作品集『平成の連歌』第一・二集は、須佐神社社務所で購入することができる。

さらに勉強したいと思う人は、『連歌概説』（山田孝雄・岩波書店）を熟読すると良いだろう。『連歌法式綱要』（岩波書店）『連歌辞典』（東京堂出版）も役に立つ。ついでながら、拙著『連歌と国語教育』（溪水社）は、連歌の魅力についてまとめている。

さて、「連歌」と同じく「座の文学」と呼ばれるものに「連句」がある。連歌は大和言葉を主として文語で詠むが、連句は、漢語や俗語、カタカナ語、いわゆる俳言《はいごん》を自由に使用する。もともと、「俳諧連歌」と言っていたものを明治以降「連句」と称するのである。「連句」を学ぶには、『連句の教室』（深沢眞二・平凡社新書）がお勧めである。

連歌を勉強していると、古典の連歌作品にも興味が出てくるだろう。古来傑作とされている「水無瀬三吟百韻」を始めとする古典作品は、前述した新潮古典集成『連歌集』や、新編日本古典文学全集『連歌集／俳諧集』（小学館）で読むことができる。

さあ、歳時記と古語辞典をもって連歌会に行こう。新たな世界が広がるはずだ。

第四章　連歌実作のために――連歌とは――

連歌は難しそうだと感じている人も多いようである。連歌を始めたいと思っている方は、まずは、連歌の会に参加して、座の中で式目等把握していくのが望ましいが、事前にある程度理解しておく方が、早く慣れることは言うまでもない。そこで、連歌の説明文を次に掲げる。

一　連歌会の形式と参加者

(1) 句数による分類

中世や近世の連歌は、一般には、百句を詠み継ぐ百韻形式で詠まれていた。現代の連歌は、四十四句詠み継ぐ世吉《よよし》形式で行われることが多い。

連歌を記す紙を懐紙《かいし》と言う。正式の連歌では、二つ折りした懐紙を、百韻では四枚、世吉では、二枚使用する。その一枚を折《おり》と言い、百韻では、一枚目を初折、二枚目を二折、三枚目を三折、四枚目を名残折と呼ぶ。世吉は、百韻の二折、三折を省略した形式と言える。

そして、二つ折りした連歌懐紙は、折り目を下にして右端を結び、表と裏を使う。そこで、現在の連歌でも初折表や名残折裏といった呼び方をする。

各折の句数は次の通り。

【百韻】

初折《しょおり》	表	八句
	裏	十四句
二折	表	十四句
	裏	十四句
三折	表	十四句
	裏	十四句
名残折	表	十四句
	裏	八句

【世吉】

初折	表	八句
	裏	十四句
名残折	表	十四句
	裏	八句

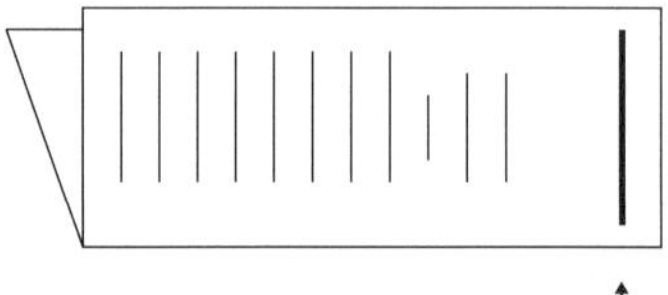
↑閉じる

なお、千句連歌、万句連歌というのは、百韻を単位としたものであり、千句は百韻十巻を合わせたもの、万句は千句が十合わさったものを言う。百韻を単位としているが、ただ、千句としての拘束も多少はあり、たとえば、「鬼」「虎」「龍」などの言葉は、千句に一度だけ詠むことができるとされている。

また、歌仙《かせん》は、三十六句詠み継ぐ形式だが、主に近世の俳諧連歌や現代の連句で使用されている。

(2) 参加人数による分類

連歌は数人から十数人が集まり句を詠み継ぐのが一般的だが、一人で詠む場合もあり、それを独吟《どくぎん》と言う。

また、二人で詠むのを両吟《りょうぎん》、三人で詠むのを三吟《さんぎん》と言う。古来傑作と言われている連歌作品「水無瀬《みなせ》三吟百韻」の「三吟」とは、連歌師の宗祇《そうぎ》が、その弟子、宗長《そうちょう》、肖伯《しょうはく》とともに三人で巻いたということを示している。

(3) 賦物《ふしもの》

賦物とは、使用できる言葉を制限するものである。たとえば、「賦何路連歌」とあれば、「何」に字を当てはめて「路」を添えることで、熟語を形成せねばならないということを示している。「山」という言葉であれば、「山路」という熟語を形成するので、詠むことが可能なのである。

中世の初めの頃は、一巻全体に及ぼすものだったが、後に、ただ発句に対してのみ意味を持つものとなった。現代では、発句が詠まれたあと、賦物を定め、題目としている。たとえば、発句に「里」という言葉があれば『連歌法式綱要』(岩波書店)や岩波文庫『連歌論集下』に収録されている一条兼良の「連歌初学抄」にある「賦物篇」を見て、当てはまるを項目を探す。すると「何人」の箇所に「里」という字を見出すことができる。

「何人……家 市 里 古 稲 浦 宮 花(以下略)」

それぞれ、「家人」「市人」のように、熟語を形成することを示しており、「里人」という熟語も形成できることがわかる。そこで、「賦何人連歌」と決めることができる。「賦何人連歌」は、「何人を賦する連歌」と読む。なお、発句の中に「家」と「市」の二つが使われている場合は、家人を採ったのか、市人を採ったのかわからなくなるので、「何人」とはせずに、他の賦物を採る。たとえば、「何風」にすると、家風はあっても、市風はないから問題はない。

（4）連歌会の参加者

連歌会に参加し、連歌を詠む人を連衆《れんじゅ》と言う。その連衆を指導して連歌を一つの作品にまとめる人を宗匠《そうしょう》と言う。また、宗匠を補佐する人を執筆《しゅひつ》と言い、連衆が出した句について、吟味し、差し合い、つまり式目に抵触するようであれば、指摘する。最終的な判断は宗匠が行い、執筆は採択された句を懐紙に記録する。

二　式目

連歌は、五七五の長句と七七との短句を交互に付けていく文芸であるが、使用可能な言葉に制約がある。その制約を式目と言う。連歌で大切なのは、変化と調和であり、森羅万象、自然界の四季折々の景色や人生の様々な局面における心情を詠む。同じような内容が続くことは避けなければならない。句が停滞したり、内容的に戻ったりしないように句を付けていかなければならないのである。そのために式目があると言ってよいだろう。最初は難しく感じるかもしれないが、会を重ねるごとに慣れていく。部立《ぶたて》等、分類する上ではっきりしない言葉もあるが、最終的には、宗匠の判断によって決まる。

式目は、まず、（1）部立（2）句数《くかず》（3）句去《くさり》の三点を理解する必要がある。

（1）部立（句材の分類）

連歌の句は、大別して季《き》の句と雑《ぞう》の句とに分かれる。季語を含んだ句が季の句であり、他は雑の句と言う。

次に事物の分類がある。これは、季・雑の分類とは別次元の分類となる。

主な部立には、光物《ひかりもの》、時分《じぶん》、聳物《そびきもの》、降物《ふりもの》、山類《さんるい》、水辺《すいへん》、動物《うごきもの》、植物《うえもの》、人倫《じんりん》、神祇《じんぎ》、釈教《しゃっきょう》、恋、述懐《しゅっかい》、

旅、名所《などころ》、居所《きょしょ》、衣類がある。神祇とは、神や神社に関することで、釈教とは、仏教に関することである。

このうち山類・水辺・居所には、さらに体《たい》・用《ゆう》の区別がある。概して、「体」は本来的・固定なもの、「用」は付随的・可動的なものと言えるが、確認する必要がある。また、時分には、夜・朝・夕、動物には、獣・鳥・虫、植物には木・草・竹の下位分類があり、句去に関係する。

（2）句数（句の連続）

句材には、連続使用数に関する制約がある。たとえば、春や秋の句は、三句から五句まで続けなければならないといったものである。山類・水辺・居所は、三句続けることが可能だが、その場合体・用の区別をして、体用体や用体用とならないようにしなければならない。たとえば、海（体）↓波（用）↓水（用）と続けることは良いが、海（体）↓波（用）↓磯（体）と続けることはできないのである。

（3）句去（去嫌《さりきらい》）

句材には、間隔に関する制約もある。たとえば、季節の句は、一旦途切れると間に七句をおかなければ、同じ季節の句を詠むことができない。それを「七句去り」と言う。

時分は、夜・朝・夕に分けられる。夜分と夜分のように同じ時分であれば五句去りだが、夜と朝は三句去り、朝と夕は、二句去りとなっている。動物《うごきもの》では、同じ獣と獣では、五句去りだが、獣と鳥、鳥と虫のように異なった動物では三句去りとなる。植物では木と木、草類と草類など同類では五句去り、草と木は三句去りだが、草と竹、木と竹は二句去りとなっている。

【句材表】部立に関わる主な句材

部立	句材		句数	句去
光物《ひかりもの》	月・日・星		1～2	3
時分《じぶん》	夜	水鶏《くひな》・蛍・蚊遣火・筵・枕・床《とこ》・又寝・神楽・漁火《いさり》・閨《ねや》・鼯《むささび》・狐・私語《ささめごと》・睦言《むつごと》・きぬぎぬ・火桶・燈火《ともしび》・下紐・うたたね・山伏・横雲・梟《ふくろふ》	1～2	夜と朝3、夜と夕3、夕と朝2、同時分5
	朝	朝ぼらけ・朝風・朝雲		
	夕	夕暮れ・夕月・暮　※宵は時分に非ず		
聳物《そびきもの》	霞・霧・雲・煙	※虹は聳物に非ず	1～2	3
降物《ふりもの》	雨・露・霜・雪・霰	※涙の雨は降物に非ず	1～2	3
山類《さんるい》	体	岡・嶺・洞・尾上・麓・坂・杣・谷・島・山の関	1～3	5
	用	梯・瀧・杣木・炭竈・畑　※林・森は山類に非ず		
水辺《すいへん》	体	海・浦・江・湊・堤・渚・嶋・沖・磯・干潟・岸・汀・沼・川・池・泉・洲・瀧・浜・津・沢・溝・井	1～3	5
	用	波・水・氷・塩・氷室・氷柱		
	体用外	浮木・舟・流・塩焼・塩屋・水鳥類・蛙・千鳥・杜若・菖蒲・芦・蓮・真薦・海松・和布・藻塩草・萍・海士・閼伽結・魚・網・釣垂・筏・手洗水・懸樋・下樋		
動物《うごきもの》	獣	鹿・駒・猪・鼯・兎・牛・馬	1～2	異類は3、同類は5
	鳥	鶯・時鳥・雁・鶴・千鳥		

	虫	虫・蛍・蝉・蜩・蛙・貝・桑子		
植物《うえもの》	木	松・杉・檜・柳・林・森	1〜2	木に草3、木に竹2 同類5
	草	藤・萍・芦・薄・萩		
	竹	なよ竹・呉竹・竹の林・若竹・小笹		
人倫《じんりん》		人・我・身・友・父・母・誰・関守・主《あるじ》・独《ひとり》・媒《なかだち》 ※山姫・木玉《こだま》・ふたり・主《ぬし》は人倫に非ず	1〜2	2
神祇《じんぎ》		宮・野の宮・小忌衣《をみごろも》・日陰糸・東遊《あづまあそび》・求子《もとめこ》・放生・ひもろき・朱《あけ》の玉垣	1〜3	5
釈教《しゃっきょう》		寺・閼伽《あか》・僧・山伏・法《のり》の師・科《とが》・心の月・心の闇・家を出る・彼岸《かのきし》・悟《さとる》	1〜3	5
恋		私語《ささめごと》・睦言《むつごと》・物病み・やもめ・きぬぎぬ・古き衾《ふすま》・傍寝《そひね》・恨み・かこつ・契り・又寝・後の朝・縁《えにし》・よすが・兼ねごと・ぬれ衣・垣間見《かいまみ》・あだし心・うつり香・霧立人・袖の香・さかしら・忍車・物の怪・煙くらべ・新枕《にひまくら》・あやにく・忍草・思草・たはれ女・たをやめ・枕をかはす・忍ぶ妻・人妻・おもひの煙・身を知る雨・涙川・涙の淵・思ひのたけ・物思ひ・あひ思ふ・かた思ひ・いらへせぬ・恥かはし・衣を返す・なまめく・妹・玉章《たまづさ》・待つ宵《よひ》・暁の別れ・君・俤《おもかげ》したふ・乱れ髪・あくがるる・色好み・すき心・偽り・下紐・つらき・かごと・衣の香・名残を惜しむ・物の怪・夢の俤・心空なる・うはの空・占ひ・眉根かく・心乱る・切に思ふ・しうねき・うかるる・下にこがるる・あだ人・そねみ・ねたみ・逢ふ瀬・空たのめ	2〜5	5
述懐《しゅっかい》	述懐	世・親子・命・老・白髪・隠家・捨身・憂身	1〜3	5
	懐旧	昔・古		
	哀傷・無常	死・苔衣・墨染袖・亡き人		

旅		旅・草枕・東屋・駅路・海路・渡船・見馴れぬ浦・遠方人《をちかたびと》	1〜3	5
名所《などころ》		淡路島・八幡山・高砂の松　※都は名所に非ず	1〜2	3 山と山5
居所《きょしょ》	体	軒・床・里・窓・門・庵・戸・樞・甍・壁・隣・墻・閨《ねや》・笆《まがき》・宿・家・楼・屋・垣・扉	1〜3	5
	用	庭・外面・簾　※御階《みはし》・帳は居所に非ず		
衣類		下紐・ひれ・鶉衣　※帯・冠・沓・天の羽衣は衣類に非ず	1〜2	5

『連歌新式便覧』『産衣』『連歌初心抄』『毛吹草』による。

※体・用の区別は、「連歌新式追加並新式今案」による。

「応安新式」では、「水辺体」と「水辺用」の二つの分類であったが、新式今案では、「水辺体用之外」という分類基準を設けている。

【参考文献】

木藤才蔵『連歌新式の研究』（明治書院・平成十一年）
光田和伸「連歌新式の世界――「連歌新式モデル」定立の試み」『国語国文』六五巻第五号（七四一号）（平成八年）

三　句の詠み方

(1) 付け方

句を付けるとき、すぐ前の句を前句《まえく》、間に一句置いた句を打越《うちこし》と言う。前句から連想し、植物や鳥などを付け加えたり、風や雲の様子を加えたりして、景色をより鮮明にしたり、変えたりしていく。いずれにしても前句とは何らかの関係で付ける。前句を生かす句が、良い付句と言える。

その時に注意すべきことは、打越の内容、雰囲気とは別のものにするということである。同じ発想やイメージ、言葉が繰り返されることは、輪廻《りんね》と言って、良くないこととされている。連歌は、一歩一歩前進するように詠むことが大切なのである。

もう一点、注意すべきこととして「一句立つ」ようにしなければならないということがある。句は、前句に合わせて句を付けるのだが、付句一句だけでも一つの詩想、独自の境地を表さなければならない。前句と合わせてはじめて意味が通じるような句は、「一句立っていない」といって認められない。

(2) 全体の流れ

連歌は、変化と調和が大切なのだが、全体の流れを考えた場合、穏やかに始まり、穏やかに終わることになっている。具体的には、初折表から初折裏第二句までの十句と、名残折裏の八句は、景色などを中心に詠み、恋や述懐、神祇、釈教などの句は詠むことができない。

（3）使用する語句

使用する語句は、大和言葉を基本とする。特に、雅語《がご》と言われる上品で雅《みやび》な言葉を使う。たとえば、蜻蛉を「あきつ」と言い、蜘蛛を「ささがに」と言う。いわゆる古語も使用し、仮名遣いは、歴史的仮名遣いを用いる。

外来語や漢語、俗語などは、俳言《はいごん》と言う。連句では、その俳言を自由に使用するが、連歌では制限される。今井祇園連歌の会では、初折表十句以降、名残折表までの間で、連続三句まで、七句去りで使用が認められている。

（4）特別な句

連歌の中には、特別な句がいくつかある。

【発句《ほっく》】　最初の句。五七五。興行の季節を表す季語を使う。また、発句は独立の句となる必要があり、そのため切字を使用する。切字とは、「や」「かな」「けり」や活用語の命令形、形容詞の終止形などである。さらに、発句はなるべく会場の様子を示すように詠むのが良いとされている。また、発句は挨拶の句とされ、特別な客がいる場合は、その客が詠む。

【脇句《わきく》】　二番目の句。七七。発句と同季の季語を使う。句末は体言止め。独立する発句に対して脇句以下の句を付句《つけく》と言う。脇句は、興行の主催者や興行が行われる家の主人が詠むのが正式とされている。

【第三】　三番目の句。五七五。句末は、一般には「て」で止める。「らん」「もなし」で止める場合もある。連歌は「調和と変化」が大切であり、第三は変化の始まりと言える。内容的に発句から離れる必要がある。

【季節の句】　季語を含んだ句。春の季語があれば「春句」と言う。

【雑《ぞう》の句】　季語を含まない句。
【月の句・花の句】　月・花の句は、詠むべき場所が決まっており、それを「定座《じようざ》」と言う。世吉では、初折表七、初折裏十、名残折表十三が月の定座。月の句は定座を引き上げて詠むことがしばしばある。また、初折裏十三、名残折裏七が花の定座である。
「月」だけだと秋の季語なので、他の季節の季語がなければ秋の句となる。花の定座では、桜を「花」という言葉を使って詠む。「桜」という言葉だけでは、花の句にならない。
【恋句】　恋の言葉を使って詠んだ句。二～五句続ける。
【挙句《あげく》】　最後の句。今井祇園連歌の会では、「めでたくて春季をおびて漢字止め」としている。最後の挙句まで詠んで完了することを満尾《まんび》すると言う。

（5）本意

連歌では、自然現象の本質に迫ることが大切だと考えられており、「本意」が重視されている。「本意」とは、景物などの本性のことであり、「春」と言えば、「もの静かに心のどかな状態」が本意とされ、「春雨」の本意は、「静かに降る雨」なのである。「恋」の本意は、「恋がかなわず悩んだり苦しんだりすること」であり、成就した恋は、本意に外れる。

その季節、その景物の本意を見極めて、それを基に句を作ることが良いとされている。

四　句の出し方

句ができたら、長句（五七五）であれば、最初の五音の言葉を、短句（七七）であれば、最初の七音の言葉を声に出す。執筆がそれを受けて繰り返すので、その後に、もう一度最初の言葉とそれに続く残りの言葉を合わせて発する。式目に障りがなく、宗匠が認めると採択となる。

式目に障りがある場合、一度だけ訂正することができる。それを一直《いっちょく》と言う。すぐに思いつかない場合は、他者に譲ることもある。

自分の句が採択された時、次の人が句を付けるまで、座を立たないのがマナーとされている。

五　句の貼り出し

句が採択されたら、各自短冊に記入し、長押などに端から順次貼り付けていく場合がある。句の確認ができるので、連歌大会等で行われている。

六　句上

挙句が採択され、連歌一巻を巻き終わることを満尾すると言う。満尾した後、連衆が詠んだ句を確認し、記録する。懐紙の最後に、作者名を列挙し、その下に各作者の詠んだ句の合計句数を記すことを句上《くあげ》と言う。

【連歌用語集】

用語	説明
挙句（あげく）	最後の句。今井祇園連歌の会では、春季で体言止め。祝意をもたす。
一句立つ（いっくたつ）	前句に寄りかかることなく、一句だけで一つの詩想を表すこと。
一直（いっちょく）	差合を指摘されたとき、一度まで訂正句を提出することができること。
打越（うちこし）	前句の前の句。付句は内容的に打越に戻らないことが肝要。
懐紙（かいし）	連歌を記す紙。二つ折りした懐紙を、百韻では四枚、世吉では二枚使用する。その一枚を折《おり》と言い、折り目を下にして右端を結び、表と裏を使う。
歌仙（かせん）	三十六句を詠み継ぐ形式。主として俳諧連歌、連句で用いられる。
観音開き（かんのんびらき）	打越と付句が、同じ発想やイメージになっていること。
季の句（きのく）	季語を含む句。式目では、春句・秋句は、三句～五句続ける。夏句・冬句は一句だけでもよいが、三句まで続けることもできる。
切字（きれじ）	句に独立性をもたせるために用いる語。「や」「かな」「けり」、活用語の命令形、形容詞の終止形など。発句は切字を使用する必要がある。
句上（くあげ）	懐紙の最後に、作者名を列挙し、その下に各作者の詠んだ句の合計句数を記すこと。

句数（くかず）	句材の連続使用数に関する制約。たとえば、春や秋の句は、三句から五句まで続けなければならない。
句去（くさり）	句材の間隔に関する制約。たとえば、季節の句は、一旦途切れると間に七句をおかなければ、同じ季節の句を詠むことができない。
興行（こうぎょう）	連歌をすること。張行《ちょうぎょう》とも言う。
差合（さしあい）	去嫌や種々の制約に抵触すること。
去る（さる）	句を隔てること。二句去りといえば、間に二句をおくこと。
去嫌（さりきらい）	隔てなければならない句数の規定。
三吟（さんぎん）	連歌を三人で巻くこと。
式目（しきもく）	連歌をするためのルール。制約。
治定（じじょう）	連歌・俳諧で、推敲の結果、句形が決定されること。
釈教（しゃっきょう）	部立の一つ。仏教に関するもの。寺・僧など。
述懐（しゅっかい）	部立の一つ。世に生き長らえるつらさ、死を悲しむ心情など。
執筆（しゅひつ）	宗匠の補助をする人。差合があるかないかを吟味して、指摘する。句の採択の最終的な判断は宗匠が行う。また、採択された句を懐紙に記録する。

定座（じょうざ）	月と花を詠むべき箇所。月は引き上げる場合もある。
神祇（じんぎ）	部立の一つ。神社や神に関するもの。
宗匠（そうしょう）	連歌会を指導して作品をまとめる人。一座の差合や疑義を判定し一巻の美を保つべく指揮する。
雑の句（ぞうのく）	季の句以外の句。
第三（だいさん）	三番目の句。一般には「て」止め。「らん」「もなし」で止める場合もある。
体・用（たいゆう）	山類・水辺・居所の下位分類。体・用・体や用・体・用にならないように句を付ける。
付合（つけあい）	付け方、付け味などのこと。
亭主（ていしゅ）	連歌の座を提供する人。
出勝（でがち）	早く出た句を採用する方法。
独吟（どくぎん）	連歌を独りで作り上げること。
取り成し（とりなし）	付合手法の一。前句の言葉を別の意味に転じるなどして句を付けること。
俳諧連歌（はいかいれんが）	俳言を自由に使用する連歌。主に歌仙形式で行われる。江戸時代には貞門俳諧、談林俳諧、正風俳諧と呼ばれる俳諧が行われた。明治以降は「連句」と称する。

俳言（はいごん）	大和言葉以外の言葉。外来語、漢語、俗語など。
端作り（はしづくり）	一枚目の懐紙の右端に、興行年月日等を記入すること。
披講（ひこう）	作品を読み上げること。
膝送り（ひざおくり）	一座した人たちが順番に詠んでいく方法。
百韻（ひゃくいん）	百句を詠み継ぐ形式。中世・近世の連歌の基本的な形式であった。
平句（ひらく）	発句、脇、第三、挙句以外の句。
賦物（ふしもの）	使用できる言葉を制限するもの。賦物連歌では、一巻全体に関係していたが、現代では、発句が詠まれたあとに、その句に使用されてる言葉を基に決め、題目として用いている。
部立（ぶたて）	句材の分類。主なものに、光物《ひかりもの》、時分《じぶん》、聳物《そびきもの》、降物《ふりもの》、山類《さんるい》、水辺《すいへん》、動物《うごきもの》、植《うえ》物《もの》、人倫《じんりん》、神祇《じんぎ》、釈教《しゃっきょう》、恋、述懐《しゅっかい》、旅、名所《などころ》、居所《きょしょ》、衣類がある。
文音（ぶんいん）	手紙等で句のやり取りをして連歌を巻くこと。
発句（ほっく）	連歌の最初に詠まれる句。当季の季語を用いる。切字を使用する。挨拶の句とされ、特別な客がいる場合は、その客が詠む。
本意（ほんい）	句材とする対象の、伝統的に形成された、もっともそれらしい性質。
満尾（まんび）	連歌一巻を巻き終わること。

三つ物（みつもの）	発句、脇、第三の三つの句。発句は一座の基調をなし、脇は調和の初めをなし、第三は変化の初めをなす。
遣句（やりく）	前句がむずかしくて付けにくい時や手の込んだ句が続いたときに、次の句を付けやすいように軽く付けること。また、その句。
世吉（よよし）	四十四句を詠み継ぐ形式。百韻の二折、三折を略した形式。初折表八句、裏十四句、名残折表十四句、裏八句となる。
寄合（よりあい）	前句と付句とをつながりのあるものにする言葉や素材。特定の関連語。
両吟（りょうぎん）	連歌を二人で巻くこと。
輪廻（りんね）	同じ発想やイメージ、言葉が繰り返されること。
連句（れんく）	俳言を自由に使用する連歌。主として歌仙形式が用いられる。俳諧連歌を明治以降「連句」と称する。
連衆（れんじゅ）	連歌の座に参加する人。
脇（わき）	発句に添えて詠む短句。当季の季語を用いる。体言止め。正式には座を用意する興行の主催者や興行が行われる家の主人が詠む。
脇起こし（わきおこし）	発句に、古人の発句を借用して脇から連歌を巻くこと。「脇興り」とも。

【連歌懐紙】

平成　　年　　月　　日　会場（　　　　）

宗匠（　　　　）

執筆（　　　　）

賦　　連歌

初折表	定座	季	句	作者	句材
発句					
脇					
三					
四					
五					
六					
七	月				
八					

初折裏	定座	季	句	作者	句材
一					
二					
三					
四					
五					
六					
七					
八					
九					
十	月				
十一					
十二					
十三	花				
十四					

名残折表	定座	季	句	作者	句材
一					
二					
三					
四					
五					
六					
七					
八					
九					
十					
十一					
十二					
十三	月				
十四					

名残折裏	定座	季	句	作者	句材
一					
二					
三					
四					
五					
六					
七	花				
八					

句上

氏名	句数

【福岡現代連歌年表】（山口や大分も含む）

昭和四九（一九七四）　須佐神社連歌の会　発足　池田富蔵宗匠

五四（一九七九）　三月　ひまわり連歌会（行橋市のち豊津町）この年以降の作品が、連歌集としてまとめられる。（『連歌集　向日葵㈠』）

五六（一九八一）十一月　二十二日　奉納連歌シンポジウム（行橋市・須佐神社）

二十三日　歌仙連歌張行（行橋市・須佐神社）

六十（一九八五）　五月　『豊前四日市　渡邉家歴代小伝』（中島三夫著）刊行

平成　三（一九九一）　二月　『埋もれていた豊の古典　奥州紀行（里村玄碩）』（土慕鈍歩編著）刊行

六（一九九四）十一月　二十七日　約六十年ぶりに須佐神社で百韻連歌

高辻安親宗匠　全国連歌協会会長を務める（〜平成一六年）

七（一九九五）　池田富蔵宗匠逝去（享年八十六）

八（一九九六）　『平成の連歌』（連歌集・須佐神社　連歌の会）刊行

九（一九九七）　十月　第一回　ボックス連歌（〜平成一六年八月）（行橋市）

一五（二〇〇三）　十月　『よみがえる連歌——昭和の連歌シンポジウム——』（海鳥社・国民文化祭行橋市連歌企画委員会編）刊行

十月　国民文化祭プレ大会（行橋市・須佐神社・浄喜寺）

※プレ大会において、初めて中高生の座も設けられる。

一六（二〇〇四）　十月　十七日　高辻安親宗匠逝去（享年七十一）

十一月　第十九回国民文化祭行橋連歌大会（行橋市・須佐神社・浄喜寺・行橋市中央公民館）

※連歌が初めて国民文化祭の正式種目となる。

十一月　『連歌の里ゆくはし』平成十六年度秋季特別展図録（行橋市歴史資料館）刊行

一七（二〇〇五）　四月　『現代と連歌――国文祭連歌・シンポジウムと実作――』（海鳥社・国民文化祭行橋市連歌企画委員会編）刊行
十月　十日　第一回行橋連歌大会（福岡県民文化祭の一環・行橋市・浄喜寺）
二十三日　高辻安親宗匠追善連歌（行橋市・須佐神社）
一八（二〇〇六）　十月　『高辻安親宗匠追悼録　須佐の杜』（今井祇園連歌の会）刊行
十一月　十一日　山口連歌大会（山口市・菜香亭）
十二日　山口連歌大会（防府天満宮）
二一（二〇〇九）　五月　『豊前四日市萬屋渡邉家　急雨亭文庫目録』（石川八朗・中島三夫作成　渡邉研発行）刊行
二二（二〇一〇）　七月　第二回　ボックス連歌（〜平成二三年五月）（行橋市）
行橋高校で連歌講座が開かれ実作が行われる。
九月　二十六日　博多連歌　五百三十年ぶり（博多・龍宮寺）
二三（二〇一一）　十月　『平成の連歌　第二集』（連歌集・今井祇園連歌の会）刊行
十二月　『連歌の里ゆくはし　ボックス連歌――作品と講評――』（行橋市教育委員会文化課）刊行
二四（二〇一二）　育徳館中学で連歌実作が行われる。
二五（二〇一三）　一月　『あなたが詠む連歌』（東山茜著・あいり出版）刊行
二六（二〇一四）　三月　『みんなで詠もう連歌』（行橋市文化遺産活性化実行委員会）刊行
七月　山口祇園会奉納連歌　百五十年ぶり（八坂神社に奉納）
十月　十二日　故高辻安親宗匠十年祭連歌大会（行橋市・須佐神社）
二七（二〇一五）　三月　『高辻安親宗匠十年祭連歌大会作品集　今井津の杜』刊行

【作者の方々】本書掲載連歌作品

有川宜博
有坂千嘉子
安藤東三子
飯尾明子
飯尾　宗
石田貞子
磯貝和代
池田南天
石松佳世
井手あかね
伊藤やよひ
稲光信二
井上由希子
井上未貴
猪本泰子
上畑ヨシ子
宇梶ヒサヨ
内田純菜
内田善四郎
江﨑恵介
太江田妙子
大久保甚一
大久保孝子
大田秀康
大坪坐忘
小方基次
小方礼次
岡田路光
岡部純女
岡村龍生
奥田満洲雄
尾崎千佳
小野靖一郎
小尾直人
面出律雄
門田テル子
梶野哲司
梶野知子
金子徳彦
川口仁美
菊池　彩
木島　泉
喜多さかえ
城戸　睦
城戸康利
桑原ひろ子
キム英子
桐井眞代
久家康彦
草地　勉
久津　晃
隈智恵子
倉田信子
黒川智子
見城彩子
小林康代
小林善帆
坂田一浩
桜川冴子
佐藤英輔
澤木淳枝
十鳥正一
柴原説子
島津忠夫
島居妙子
島林夕月
清水弥一
白石君子
末次辰也
鈴木長駆
陶山芙美子
善　栄子
田浦賢治
髙木秀慈
高瀬美代子
高辻正冨
高辻安民
高辻安親
高松正水
高柳みのり
竹内　淳
竹島一希
たけすゑ澄子
田坂磨理子
田島大輔
田中佐保
田中節美
谷　和子
玉田成子
塚田由美
土村光子
筒井紅舟
恒成美代子
鶴﨑裕雄
土岐正道
鳥津亮二
中島伊佐子
永田吉文
中野たつ子
中野弘子
中野雅恵
中村蛍流
中村憲正
中村順信
西田逸子
西野　猛
長谷川隆子
長谷川法世
服部満千子
濱田英子
久野哲也
藤江正謹
藤原光代
古田　了
古野ひふみ
前田　賤
松井郁子
松岡　歩
松養邦榮
松清ともこ
三浦明子
三浦綾子
三神あすか
水野恭子
水野光哉
光田和伸
宮川紘子
宮﨑由季
宮武純一
村岡悠子
村田隆志
村田奈菜子
村田浩子
森　文子
森友敦子
森友忠生
森林雅浩
諸岡史子
安野正紀
柳原初子
山口義夫
山崎　了
山崎菜々花
山下喜代子
山田昭子
山田よね
大和素拙
八尋千世
吉本哲郎
和田あき子
渡邉あかり
渡辺多美子

【参考文献】（特に、連歌実作に参考になるもの）

・連歌一般
伊地知鐵男『連歌の世界』（吉川弘文館）昭和四十二（一九六七）年
金子金治郎『連歌総論』（桜楓社）昭和六十二（一九八七）年
岸田依子『連歌文芸論』（笠間書院）平成二十七（二〇一五）年
木藤才蔵『連歌新式の研究』（三弥井書店）平成十一（一九九九）年
小西甚一『宗祇』（筑摩書房）昭和四十六（一九七一）年
島津忠夫『連歌集』（新潮古典集成）昭和五十四（一九七九）年
鈴木　元『つける　連歌作法閑談』（新典社新書）平成二十四（二〇一二）年
廣木一人『連歌の心と会席』（風間書房）平成十八（二〇〇六）年
廣木一人『連歌入門』（三弥井書店）平成二十二（二〇一〇）年
山田孝雄『連歌概説』（岩波書店）昭和十二（一九三七）年
綿抜豊昭『連歌とは何か』（講談社選書メチエ）平成十八（二〇〇六）年

『連歌法式綱要』山田孝雄・星加宗一編（岩波書店）昭和十一（一九三六）年
『文芸会席作法書集――和歌・連歌・俳諧――』廣木一人・松本麻子・山本啓介（風間書房）平成二十（二〇〇八）年
『連歌辞典』廣木一人編（東京堂出版）平成二十二（二〇一〇）年

・現代の連歌
下房桃菴『レッツ！連歌』１・２・３（山陰中央新報社）平成十（一九九八）年・平成十三（二〇〇一）年・平成二十一（二〇〇九）年
高城修三『可能性としての連歌』（澪標）平成十六（二〇〇四）年

筒井紅舟『連歌集　市女笠』（角川書店）平成十（一九九八）年
筒井紅舟『連歌集　竹林の風』（右文書院）平成二十五（二〇一三）年
東山　茜『あなたが詠む連歌』（あいり出版）平成二十五（二〇一三）年
『平野法楽連歌――過去と現在――』杭全神社編（和泉書院）平成五（一九九三）年
『平成の連歌』（須佐神社・連歌の会）平成九（一九九七）年
『連歌招待席　三吟集　うばつくば』高柳みのり・今井欣子・松村淑子・鶴崎裕雄（和泉書院）平成十三（二〇〇一）年
『よみがえる連歌――昭和の連歌シンポジウム――』（海鳥社）平成十五（二〇〇三）年
『現代と連歌――国文祭連歌・シンポジウムと実作――』（海鳥社）平成十七（二〇〇五）年
『行橋連歌大会　連歌作品集』一～十一（行橋市教育委員会文化課）平成十七（二〇〇五）年十二月～二十八（二〇一六）年一月
『須佐の杜――高辻安親宗匠追悼録――』（今井祇園連歌の会）平成十八（二〇〇六）年
『平成の連歌　第二集』（須佐神社　今井祇園連歌の会）平成二十三（二〇一一）年
『連歌の里ゆくはし　ボックス連歌――作品と講評――』（行橋市教育委員会文化課）平成二十三（二〇一一）年
『第26回国民文化祭・京都２０１１　連歌の祭典プレ大会　文芸祭連歌大会　作品集』（第26回国民文化祭京都実行委員会）平成二十三（二〇一一）年
『第26回国民文化祭・京都２０１１　連歌の祭典　作品集』（第26回国民文化祭京都府実行委員会）平成二十三（二〇一一）年
『平野法楽連歌――過去から未来へ――』杭全神社編（和泉書院）平成二十四（二〇一二）年
『亀岡文殊堂奉納連歌会　五周年記念誌』（亀岡文殊堂奉納連歌会）平成二十五（二〇一三）年
『武蔵野連歌会三周年記念作品集』（武蔵野連歌会）平成二十五（二〇一三）年
『みんなで詠もう連歌　行橋連歌読本』（行橋市文化遺産活性化実行委員会）平成二十六（二〇一四）年
『連歌集　伊勢三吟』今井欣子　喜多さかえ　鶴崎裕雄（和泉書院）平成二十六（二〇一四）年
『小島頓宮法楽連歌会　二十周年記念誌』（小島頓宮法楽連歌会）平成二十六（二〇一四）年
『今井津の杜――高辻安親宗匠十年祭連歌大会作品集――』（今井祇園連歌の会）平成二十七（二〇一五）年

【初出一覧】（大幅な加筆をしている場合もある。（　）は旧題）

序章　連歌の魅力
『連歌と国語教育』（溪水社）平成二十四（二〇一二）年

第一章　現代の連歌

第一節　須佐神社（福岡県行橋市）の百韻連歌（「現代に生きる連歌――須佐神社（福岡県行橋市）の奉納連歌――」）
『古代中世国文学』第八号（広島平安文学研究会）平成八（一九九六）年

第二節　今井祇園連歌の会

一　連歌会に初めて参加して（「連歌の会に参加して」）
『国語教室』四十九号　談話室（大修館）平成五（一九九三）年

二　ある日の連歌会（1）（「楽しみな『連歌の会』」）
『国漢春秋』十八号（福岡県高等学校国語部会北九州地区部会）平成七（一九九五）年

三　ある日の連歌会（2）（「現代の連歌――福岡県行橋市須佐神社今井祇園連歌の会――」）
数研国語科通信「つれづれ」十七号（数研出版）平成二十二（二〇一〇）年

第三節　第三回全国連歌大会（「第三回全国連歌大会に参加して」）
平成十三年度『大里高等学校研究紀要』第八号　平成十四（二〇〇二）年

第四節　山口連歌大会
平成十八年度門司北高等学校研究紀要『啐啄同機』十八号　平成十九（二〇〇七）年

第五節　博多百韻の会

一　平成二十二年　連歌会
『北九州国文』第三十八号　巻頭言（福岡県高等学校国語部会北九州地区部会）平成二十三（二〇一一）年

二　平成二十四年　連歌会　『文化　ふくおか』一八三号（福岡文化連盟）平成二十五（二〇一三）年
三　平成二十七年　連歌会　『文化　ふくおか』一八九号　平成二十七（二〇一五）年（書き下ろし）
第六節　国民文化祭・京都連歌大会
第七節　北九連歌会――高校教員で巻いた連歌――
一　第一回（平成二十五年）『北九州国文』第四十一号　平成二十六（二〇一四）年
二　第二回（平成二十六年）『北九州国文』第四十二号　平成二十七（二〇一五）年
第八節　山口祇園会奉納連歌会
一　第一回（平成二十六年）（書き下ろし）
二　第二回（平成二十七年）（書き下ろし）
第九節　高辻安親宗匠を偲んで
一　高辻安親宗匠十年祭（平成二十六年）（書き下ろし）
二　高辻安親宗匠の思い出（「はい、それ」）『須佐の杜　高辻安親宗匠追悼録』（今井祇園連歌の会）平成十八（二〇〇六）年
三　高辻安親宗匠の付句　『今井津の杜　高辻安親宗匠十年祭連歌大会作品集』平成二十七（二〇一五）年（書き下ろし）
第十節　参加した各地の連歌会
第二章　連歌雑感
一　宗因「いざ桜　われもそなたの　夕嵐」の句（書き下ろし）
二　『去来抄』の「作者心を知らざりける」話（書き下ろし）
三　狸に笑われた連歌する男　『北九州国文』第三十三号　平成十二（二〇〇〇）年

四　里村玄川墓詣記　（書き下ろし）
五　土岐善麿の父、善静と連歌　（書き下ろし）
六　寺山修司「マッチ擦る……」の連歌的要素　（書き下ろし）
七　光の海を思い浮かべつつ　「瀬戸内タイムス」平成二十六（二〇一四）年一月

第三章　図書紹介
①『よみがえる連歌――昭和の連歌シンポジウム――』（国民文化祭行橋市連歌企画委員会編）
『古代中世国文学』二十号（広島平安文学研究会）平成十六（二〇〇四）年
②『平成の連歌　第二集』（今井祇園連歌の会編）　『北九州国文』三十九号　平成二十四年
③『連歌集　竹林の風』（筒井紅舟編）　『北九州国文』四十号　平成二十五年
④『あなたが詠む連歌』（東山茜著）　『北九州国文』四十号　平成二十五年
⑤『連歌と国語教育――座の文学の魅力とその可能性――』（黒岩淳著）　『北九州国文』四十号　平成二十五年
⑥連歌を「よむ」ための読書案内　「福岡県立北筑高等学校　図書館報」五十七号　平成二十六年三月

第四章　連歌実作のために
『みんなで詠もう連歌　行橋連歌読本』（行橋市文化遺産活性化実行委員会）平成二十六（二〇一四）年

あとがき

連歌に魅せられ二十五年、私の生活や考え方は連歌によって大きく変わったように思う。連歌を通して多くの方々とつながることができた。そして連歌を通して世界が広がったのである。

連歌は、独吟という形式もあるが、数人が集まって句を連ねていく座の文芸として味わってこそ、その楽しさが実感できる。今回、多くの連歌作品を掲載させていただいた。宗匠の先生方や連衆の皆さんがいて初めて作品が完成する。こころよく掲載を許可してくださった方々に御礼を申し上げる。なお、どうしても連絡が付かなかった方には、ご海容をお願いしたい。

振り返れば、平成五年、須佐神社の連歌会に参加して、挙句を一句付けたことが、私の連歌にのめりこむ一歩であった。須佐神社宮司であった故高辻安親宗匠に、最初は手ほどきを受けた。安親宗匠の魅力的な人柄も忘れがたい。また、高辻宗匠の後を継いで宗匠となられた有川宜博氏には、長きにわたって指導していただいている。有川氏は、連歌普及のため、行橋、太宰府、松山、博多と各地でご尽力され、連歌の輪は確実に広がっていると思う。本書の刊行にあたっても、多くの御助言を賜った。

猪本泰子会長をはじめとする今井祇園連歌の会の皆さんには、毎月いろいろなことを教わっている。特に、中心となって活躍されている前田賤宗匠、高辻安民事務局長のお力は連歌会になくてはならないものである。また、行橋市教育委員会文化課の方々、福岡文化連盟の皆さんのご支援もありがたいことだと思う。

本書をまとめていた平成二十八年の春、島津忠夫先生の訃報に接した。島津先生には、折に触れて励ましのお言葉をいただいた。本書にも記したが、連歌会に御一緒させていただいたことや、御講演を拝聴したことなど忘れがたい思い出がある。寂しくてならない。

私信を通しても多くの先生方に御教示いただいている。連歌を通じてお世話になった方々は多く、お名前を挙げると尽きることがない。今までの拙文を整理してみると、楽しかった連歌会が思い出される。そして、もっと勉強したいという気持ちが生じてくる。

終わりに、本書の刊行に際し、前著同様大変お世話になった溪水社の木村逸司社長と西岡真奈美氏に心から厚く御礼申し上げる。書名の「連歌の息吹」は、以前連歌の本の出版を考えていた時、木村社長が考えてくださった書名である。あれこれ検討して、結局、その時は教育関係のものを中心に編んだので「連歌と国語教育」という書名にしたのであるが、「連歌の息吹」という書名も気に入っており、いつか使わせていただこうと思っていた。今回、二冊目の本を、その書名で上梓することができることを感慨深く思っている。

平成二十八年七月十日

黒岩　淳

【著者紹介】

黒岩　淳（くろいわ　あつし）

昭和40（1965）年１月　山口県光市に生まれる。
昭和58年　福岡県立東筑高等学校卒業。
昭和62年　広島大学文学部（国語学国文学専攻）卒業。
福岡県立小倉高等学校、大里《だいり》高等学校、門司北高等学校で教鞭をとり、現在は北筑高等学校教諭。
平成９年　文部省若手教員海外派遣団の一員としてアメリカバージニア州において３ヶ月間研修。
平成21年　福岡県高等学校教育研究会研究論文「連歌の創作指導の研究」優良賞受賞。
平成25年　第62回読売教育賞　優秀賞受賞。
〔所属学会〕
俳文学会、中世文学会、日本国語教育学会、広島大学国語国文学会、広島大学教育学部国語教育会。

【著書】

『連歌と国語教育――座の文学の魅力とその可能性――』（溪水社・平成24年）

【論考】

「心と言葉をつなげる連歌創作指導――「水無瀬三吟百韻」の鑑賞から創作へ――」
『国語教育研究』57号（広島大学教育学部国語教育会・平成28年）
「架蔵「享保二年十月十九日賦初何連歌（昌築参加）」――翻刻と解説――」
『古代中世国文学』26号（広島平安文学研究会・平成28年）

連歌の息吹
――つながり、ひろがる現代の連歌――

平成28年８月１日　発　行

著　者　黒　岩　　淳
発行所　株式会社　溪水社
広島市中区小町1-4（〒730-0041）
電　話（082）246-7909／ＦＡＸ（082）246-7876
E-mail: info@keisui.co.jp

ISBN978-4-86327-354-2 C0092